Ensino de Língua Inglesa

Dados Internacionais de Catalogação na Publicação (CIP)
(Câmara Brasileira do Livro, SP, Brasil)

Donnini, Lívia
    Ensino de língua inglesa / Lívia Donnini, Luciana Platero, Adriana Weigel. — São Paulo : Cengage Learning, 2010. — (Coleção ideias em ação / coordenadora Anna Maria Pessoa de Carvalho)

    Bibliografia.
    ISBN 978-85-221-0880-0

    1. Inglês - Estudo e ensino I. Platero, Luciana. II. Weigel, Adriana. II. Carvalho, Anna Maria Pessoa de. IV. Título. V. Série.

09-12662   CDD-420.7

Índice para catálogo sistemático:
    1. Inglês : Estudo e ensino   420.7

Coleção Ideias em Ação

Ensino de Língua Inglesa

Lívia Donnini
Luciana Platero
Adriana Weigel

Coordenadora da Coleção
Anna Maria Pessoa de Carvalho

Austrália • Brasil • Japão • Coreia • México • Cingapura • Espanha • Reino Unido • Estados Unidos

Coleção Ideias em Ação
Ensino de Língua Inglesa
Lívia Donnini
Luciana Platero
Adriana Weigel

Gerente Editorial: Patricia La Rosa

Editora de Desenvolvimento: Danielle Mendes Sales

Supervisora de Produção Editorial: Fabiana Alencar Albuquerque

Copidesque: Áurea R. de Faria

Revisão: Miriam Santos e Maiza Prande Bernardello

Diagramação: Join Bureau

Capa: Eduardo Bertolini

Pesquisa iconográfica: Bruna Benezatto

© 2011 Cengage Learning Edições Ltda.

Todos os direitos reservados. Nenhuma parte deste livro poderá ser reproduzida, sejam quais forem os meios empregados, sem a permissão, por escrito, da Editora. Aos infratores aplicam-se as sanções previstas nos artigos 102, 104, 106 e 107 da Lei nº 9.610, de 19 de fevereiro de 1998.

Esta editora empenhou-se em contatar os responsáveis pelos direitos autorais de todas as imagens e de outros materiais utilizados neste livro. Se porventura for constatada a omissão involuntária na identificação de algum deles, dispomo-nos a efetuar, futuramente, os possíveis acertos.

Para informações sobre nossos produtos, entre em contato pelo telefone **0800 11 19 39**

Para permissão de uso de material desta obra, envie seu pedido para **direitosautorais@cengage.com**

© 2011 Cengage Learning. Todos os direitos reservados.

ISBN-13: 978-85-221-0880-0
ISBN-10: 85-221-0880-3

Cengage Learning
Condomínio E-Business Park
Rua Werner Siemens, 111 – Prédio 20 – Espaço 4
Lapa de Baixo – CEP 05069-900 – São Paulo – SP
Tel.: (11) 3665-9900 – Fax: (11) 3665-9901
Sac: 0800 11 19 39

Para suas soluções de curso e aprendizado, visite www.cengage.com.br

Impresso no Brasil.
Printed in Brazil.
1 2 3 4 5 6 7   15 14 13 12 11

Apresentação

A Coleção Ideias em Ação nasceu da iniciativa conjunta de professores do Departamento de Metodologia do Ensino da Faculdade de Educação da Universidade de São Paulo, que, por vários anos, vêm trabalhando em projetos de Formação Continuada de Professores geridos pela Fundação de Apoio à Faculdade de Educação (Fafe).

Em uma primeira sistematização de nosso trabalho, que apresentamos no livro *Formação continuada de professores: uma releitura das áreas de conteúdo*, publicado por esta mesma editora, propusemos o problema da elaboração e da participação dos professores nos conteúdos específicos das disciplinas escolares – principalmente aquelas pertencentes ao currículo da Escola Fundamental – e na construção do Projeto Político-Pedagógico das escolas. Procuramos, em cada capítulo, abordar as diferentes visões disciplinares na transposição dos temas discutidos na coletividade escolar para as ações dos professores em sala de aula.

Nossa interação com os leitores deste livro mostrou que precisávamos ir além, ou seja, apresentar com maior precisão e com mais detalhes o trabalho desenvolvido pelo nosso grupo na formação continuada de professores das redes oficiais – municipal e estadual – de ensino. Desse modo, cada capítulo daquele primeiro livro deu origem a um novo livro da coleção que ora apresentamos. A semente plantada germinou, dando origem a muitos frutos.

Os livros desta coleção são dirigidos, em especial, aos professores que estão em sala de aula, desenvolvendo trabalhos com seus alunos e influenciando as novas gerações. Por conseguinte, tais obras também têm como leitores os futuros professores e aqueles que planejam cursos de Formação Continuada para Professores.

Cada um dos livros traz "o que", "como" e "por que" abordar variados tópicos dos conteúdos específicos, discutindo as novas linguagens a eles associadas e propondo atividades de formação que levem o professor a refletir sobre o processo de ensino e aprendizagem.

Nestes últimos anos, quando a educação passou a ser considerada uma área essencial na formação dos cidadãos para o desenvolvimento econômico e social do país, a tarefa de ensinar cada um dos conteúdos específicos sofreu muitas reformulações, o que gerou novos direcionamentos para as propostas metodológicas a serem desenvolvidas em salas de aula.

Na escola contemporânea a interação professor/aluno mudou não somente na forma, como também no conteúdo. Duas são as principais influências na modificação do cotidiano das salas de aula: a compreensão do papel desempenhado pelas diferentes linguagens presentes no diálogo entre professor e alunos na construção de cada um dos conteúdos específicos e a introdução das TICs – Tecnologias de Informação e Comunicação – no desenvolvimento curricular.

Esses e muitos outros temas são discutidos, dos pontos de vista teórico e prático, pelos autores em seus respectivos livros.

Anna Maria Pessoa de Carvalho
Professora Titular da Faculdade de Educação da Universidade de São Paulo e Diretora Executiva da Fundação de Apoio à Faculdade de Educação (Fafe)

Sumário

Prefácio XI

Capítulo 1
PREPARANDO O TERRENO

1. Apontamentos sobre a trajetória do ensino de inglês 2
   1.1 De 1855 a 1961: um currículo plurilíngue 2
   1.2 De 1961 a 1996: das LEMs como disciplinas obrigatórias a uma LEM como atividade 4
   1.3 De 1996 aos dias de hoje: a retomada de um currículo plurilíngue 7
2. A hegemonia da língua inglesa como língua internacional ... 8
3. Considerações sobre o ensino de uma língua internacional .. 12
4. Da ênfase na estrutura à ênfase no letramento 15

Capítulo 2
DE CONTEÚDOS E TEXTOS

1. A definição de conteúdo no ensino de línguas 26

2. A centralidade do texto 34
3. Que texto escolher? 37
   3.1 Textos autênticos e textos pedagógicos 37
   3.2 Como escolhemos os textos 40
      3.2.1 A escolha pelo interesse dos alunos 40
      3.2.2 A escolha pela presença de aspectos linguísticos a serem trabalhados 42
      3.2.3 A escolha pelo assunto ou tema 42
      3.2.4 A escolha pelo tipo de organização textual 44

Capítulo 3
ALGUMAS QUESTÕES DE ENSINO

1. O sequenciamento das atividades 46
   1.1 O PPP 46
   1.2 O ciclo da tarefa 47
   1.3 Uma nova proposição 52
2. Conhecimentos prévios e o papel da língua materna 55
   2.1 Conhecimento prévio de mundo 56
   2.2 Conhecimento prévio de língua 58
   2.3 Conhecimento prévio de organização textual 60
3. Recepção de textos: estratégias de leitura e compreensão oral 60
   3.1 A propósito da leitura intensiva e extensiva 64
4. Produção de textos: estratégias de produção oral e escrita 66
   4.1 Sobre o contexto de produção 66
   4.2 Oralidade e estratégias de comunicação 66
   4.3 Sobre a produção de textos escritos 68
      4.3.1 Sobre a escrita processual 69
   4.4 Uma palavra sobre o uso do dicionário bilíngue 71
5. Sobre projetos de trabalho 72

Capítulo 4
AVALIAÇÃO

1. Avaliação: *assessment* e *evaluation* 76
2. Avaliação diagnóstica 78
3. Avaliação somativa e avaliação formativa: o dia a dia 79
   - 3.1 Instrumentos de avaliação 81
     - 3.1.1 A prova 81
     - 3.1.2 A observação em situações cotidianas 83
     - 3.1.3 Outros instrumentos de avaliação formativa 83
4. Avaliação e motivação 85

Capítulo 5
DESENVOLVIMENTO PROFISSIONAL

1. Da ideia de formação 90
2. O professor profissional como pesquisador 94
3. De um problema do cotidiano a uma proposta
   de investigação 96
4. Provocações para investigação 98
5. Palavras finais 101

Referências bibliográficas 103

Anexo – Comentários sobre as atividades e indicação de
    bibliografia complementar 109

Prefácio

Este livro foi escrito com base em nossa experiência de trabalho em programas de formação continuada com professores de língua inglesa que atuam na Educação Básica, tanto no Ensino Fundamental quanto no Ensino Médio.

Ao nos debruçarmos sobre a tarefa de preparar este material, procuramos selecionar alguns temas que pudessem contribuir para o desenvolvimento de professores que já passaram pela formação inicial e têm, em seu repertório, conhecimentos advindos da experiência profissional em contexto de ensino escolar da língua inglesa.

Nesse sentido, não se trata de um livro abrangente de Metodologia de Ensino de Língua Inglesa, mas sim de uma coletânea de ideias e textos, acompanhados de propostas de atividades que podem ser empreendidas em situações de formação em serviço, em conjunto com outros colegas professores ou, até mesmo, por professores individualmente, em um exercício de autoformação.

Organizamos o material em cinco capítulos. No Capítulo 1, de natureza mais teórica, fazemos uma rápida retomada histórica do ensino de inglês, tanto do ponto de vista das políticas quanto das concepções de ensino e aprendizagem que dão sustentação às principais tendências metodológicas. No Capítulo 2, propomos várias atividades de reflexão sobre a própria prática, destacando a noção de conteúdo e a centralidade do texto (oral e escrito) na organização de propostas de trabalho. No Capítulo 3, focalizamos questões de ensino, em especial aspectos relacionados a modelos de organização de atividades e de situações de aprendizagem significativas. No Capítulo 4, discutimos o papel da avaliação como um componente central da atividade pedagógica, que representa o elo entre as atividades de ensinar e de aprender. No Capítulo 5, voltamos nossa atenção para o desenvolvimento profissional de professores, com base na discussão de alguns aspectos que marcam a transição de um modelo de formação entendido como treinamento de professores, para um modelo marcado pelo protagonismo e pelo profissionalismo no exercício da docência.

Durante o percurso de leitura desse material, você irá encontrar atividades de reflexão inicial (na abertura dos capítulos), bem como atividades específicas sobre assuntos tratados nos capítulos. Nos anexos, você encontra comentários relativos a essas atividades, com algumas indicações de textos para leitura complementar.

Esperamos que a leitura seja proveitosa e que contribua para fomentar e manter seu desejo de aprender.

As autoras

CAPÍTULO 1
Preparando o terreno

> **REFLEXÃO INICIAL**
>
> Neste capítulo, faremos um rápido passeio pela história do ensino de língua inglesa, uma história da qual você faz parte mesmo antes de decidir se tornar professor. Para esta reflexão inicial, procure lembrar-se de sua própria história de formação e registre suas memórias, tanto aquelas de seu tempo de aluno, quanto as mais recentes, de sua experiência como professor. Ao fazer este exercício, inicie recuperando memórias mais gerais da escola e das salas de aula (como espaço físico e como espaço de convivência), da equipe pedagógica, dos professores, dos alunos e das aulas. Em seguida, procure lembrar-se de pelo menos duas aulas de inglês especificamente, uma relacionada a suas vivências como aluno e outra como professor. Narre essas memórias como se contasse "histórias de escola", situando e caracterizando as ações e as pessoas no espaço e no tempo.

1. Apontamentos sobre a trajetória do ensino de inglês

Para dar início a nossas reflexões, faremos alguns apontamentos sobre as políticas e, principalmente, sobre as concepções que permeiam o ensino de línguas estrangeiras modernas (LEMs) no currículo das escolas brasileiras, tentando explicitar como o ensino desse componente curricular tem trilhado caminhos na busca de uma identidade condizente com as demandas que se impõem à Educação.

Na literatura sobre o ensino de línguas estrangeiras, alguns trabalhos se destacam na tentativa de mapear essa trajetória no Brasil, entre eles, Chagas (1979), Almeida Filho (1993), Ferro (1998), Leffa (1998/1999), Platero (2000) e Rodrigues (2005). A cronologia a seguir visa sintetizar essa trajetória e possibilitar algumas reflexões sobre as mudanças no ensino de LEMs em nossas escolas.

1.1 De 1855 a 1961: um currículo plurilíngue

O início oficial do ensino de línguas estrangeiras no ensino secundário ocorre em 1855, quando havia, no currículo, a oferta de francês, inglês e alemão, em três anos, em caráter obrigatório; e de italiano, em um ano, em caráter facultativo. O ensino dessas línguas estrangeiras modernas seguia os mesmos padrões e práticas utilizadas no ensino das línguas mortas (latim e grego clássico eram disciplinas obrigatórias, oferecidas durante um ano), com enfoque em gramática e tradução, uma vez que o objetivo de ensino das LEMs era possibilitar, aos alunos, o acesso a textos literários escritos nas línguas estudadas.

Em 1915, o ensino de grego clássico é retirado do currículo e o número de línguas estrangeiras modernas é reduzido para dois: francês e inglês ou alemão. Do ponto de vista das regulamentações do ensino, não há novas orientações metodológicas, reiterando-se o enfoque em gramática e tradução.

A Reforma Francisco de Campos, em 1931, institui, ao mesmo tempo, a diminuição da carga horária do latim e o incentivo ao ensino das línguas estrangeiras modernas. Pela primeira vez, temos a recomendação oficial quanto à adoção do Método Direto para o ensino de LEMs, sintetizado na Portaria de 30 de junho de 1931, do Ministério da Educação e Saúde Pública, como "o ensino da língua estrangeira na própria língua estrangeira". Tratava-se de uma mudança metodológica bastante significativa, uma vez que subjaz o Método Direto a concepção de que língua é fala e, portanto, o objetivo central do ensino de LEMs passa a ser o desenvolvimento da habilidade oral. Inserida em seu contexto histórico, essa recomendação parece corroborar para a valorização do ensino das LEMs, uma vez que estava em sintonia com a expansão do ensino, principalmente da língua inglesa no pós-guerra. Vale lembrar que, com o intuito de promover tal expansão, linguistas e metodólogos puderam contar com financiamentos para pesquisas que buscavam métodos de ensino que otimizassem a relação entre o desenvolvimento da fluência oral e o tempo de aprendizagem de uma língua estrangeira. Deslocada de seu contexto histórico, essa mesma recomendação nos fornece evidência de que a orientação metodológica oficial por si só não poderia garantir a mudança das práticas, visto que impunha, aos professores, não só uma mudança radical de seu repertório de estratégias de ensino como, também, uma mudança paradigmática abrupta para a qual muitos não estavam preparados.

Em 1942, a Lei Orgânica (Reforma Capanema) institui o ginásio, com duração de quatro anos, e o colégio, com duração de três anos, em duas modalidades: o clássico e o científico. Por um lado, esse período é considerado a época áurea do ensino de LEMs, com um significativo aumento do número de aulas semanais, perfazendo cerca de 20% da carga horária total (o ensino da língua francesa passa a ser obrigatório nos quatro anos do ginásio e nos dois primeiros anos do colégio; o ensino da língua inglesa é obrigatório a partir do segundo ano do ginásio e nos dois primeiros anos do colégio; o ensino da língua espanhola é obrigatório no primeiro ano do colégio). Vale dizer que o ensino de latim é mantido no ensino secundário e no colegial clássico, e o ensino de grego passa a figurar apenas no colegial clássico. Por outro lado, a insistência na adoção do Método Direto e o desdobramento dos objetivos de ensino em objetivos instrumentais, educativos e culturais presentes na Portaria Ministerial 114, de 29 de janeiro de 1943, intensificou a cisão entre as recomendações oficiais e o cotidiano das escolas, pois "o que se verificou nas salas de aula foi uma versão simplificada do método de leitura" (Platero, 2000: 20), no qual a oralidade era trabalhada por meio de leituras em voz alta de textos simplificados lexical e sintaticamente.

1.2 De 1961 a 1996: das LEMs como disciplinas obrigatórias a uma LEM como atividade

A Lei de Diretrizes e Bases nº 4.024, de 1961, promoveu a descentralização do ensino através da criação do Conselho Federal de Educação e dos Conselhos Estaduais. As línguas estrangeiras deixaram de fazer parte do conjunto de disciplinas obrigatórias e passaram a ser disciplinas "complementares" ou "optativas", e sua oferta ficou vinculada às condições de ensino. O resultado prático dessa medida foi a gradativa diminuição do número de línguas estrangeiras no currículo das escolas brasileiras. A vinculação entre a oferta do ensino de LEMs à garantia de eficiência propiciou a abertura de espaço para tentativas de aprimoramento do ensino, mas, ao mesmo tempo, teve um caráter elitista, uma vez que reduziu a oferta de línguas estrangeiras a apenas uma (cf. Ferro, 1998: 35), no geral, a língua inglesa.

A Lei Federal nº 5.692, de 1971, estabelece a distinção entre 1º e 2º graus (atualmente Ensino Fundamental e Médio). Quanto ao ensino de LEMs, no Ensino Fundamental são mantidas as recomendações da lei anterior; no Ensino Médio, fica estabelecida a inclusão de uma LEM obrigatória na área de Comunicação e Expressão. A reiteração da vinculação entre oferta e eficiência serviu como justificativa para a não obrigatoriedade do ensino de línguas estrangeiras no Ensino Fundamental. O reconhecimento da função educativa e do caráter formativo do ensino de LEMs não foi suficiente para evitar que elas perdessem *status*, uma vez que constituía o único componente curricular com restrições relativas à eficiência de seu ensino.

Dentro desse contexto, em 1984, no Estado de São Paulo, a Resolução nº 355/84, transforma a língua estrangeira em "atividade" no Ensino Fundamental e a mantém como "disciplina" no Ensino Médio. Essa resolução, que ecoou em outros estados brasileiros, configurou o ponto máximo da crise no ensino de LEMs. Como aponta Ferro (1998: 36) "teoricamente, a novidade [a mudança do ensino de língua estrangeira de disciplina para atividade] não deveria trazer prejuízo ao ensino. Pelo contrário, iria até favorecer a implementação de metodologia comunicativa voltada para as reais necessidades e interesses dos alunos respeitando as condições de crescimento e progresso de cada um. Redundou, porém, numa perda ou diminuição da importância da matéria, trazendo, na prática, um desestímulo para os professores e um motivo de descaso para os alunos".

Pode parecer ousado, porém necessário, indagar qual outro componente curricular teve seu *status* alterado pela constatação da ineficiência de seu ensino. No contexto atual da educação, assistimos a um quadro triste de formação deficitária da competência de leitura e de escrita em língua portuguesa dos alunos que completam o Ensino Fundamental. A pergunta que não podemos deixar de fazer é se, diante dessa ineficiência, seria prudente – ou ao menos admissível – sugerir a diminuição do número de aulas da área de linguagem, especificamente de língua portuguesa, do currículo. Não é preciso ser educador ou pesquisador em Educação para responder um sonoro "Não!". Pelo contrário, é preciso buscar iniciativas, propor projetos que reconfigurem esse quadro desolador. É preciso investir em bibliotecas, salas de leitura, oficinas de produção de texto, implementação de jornais comunitários e na formação continuada de professores, de modo a torná-los mais competentes para enfrentar o desafio de trabalhar com a linguagem verbal escrita em língua materna. Ora, o que ocorreu com as línguas estrangeiras foi exatamente o oposto. Diante da ineficiência, enxugou-se ainda mais o currículo, diminuiu-se o número de horas dedicadas a esse ensino, desarticulou-se ainda mais aquilo que já estava precário.

Em resposta a esse desprestígio, em 1987 foi formada uma comissão no estado de São Paulo, formada por dez membros[1], com o intuito de propor "linhas gerais para a elaboração de uma política duradoura e bem informada de ensino de LEMs na escola oficial de 1º grau", especialmente para o ensino da língua inglesa. No documento elaborado por essa comissão, enfatiza-se a concepção de que o ensino de uma LEM tem relevância para a formação integral do indivíduo com base em três aspectos: o instrumental, o linguístico-pedagógico e o psicossocial. O primeiro se refere à língua como instrumento de acesso a novos conhecimentos; o segundo, à possibilidade de ressignificação da própria língua materna, uma vez que processos cognitivos são revisitados e aprofundados por meio da aprendizagem de uma LEM; o terceiro, à possibilidade de vivenciar novas situações e novos papéis em contato com a complexidade de uma cultura diferente da sua própria, ao mesmo tempo ampliando o universo cultural do estudante e permitindo-lhe refletir sobre sua própria identidade cultural.

Os trabalhos de Costa (1987) e de Almeida Filho (1991, 1993), que marcaram a literatura sobre o ensino de LEMs no currículo escolar, somam-se à proposta do documento. Costa defende a postura de que as dimensões formativa e prática vinculadas aos objetivos de ensino têm naturezas bastante distintas. Para ele, é preciso superar a noção de que o caráter formativo está intimamente ligado à possibilidade de aplicação do conhecimento adquirido, nos bancos escolares, em situações de trabalho para além do contexto escolar. O caráter formativo está intimamente ligado às experiências de aprendizagem propiciadas no âmbito do ensino, e não a sua possível aplicação.

---

[1] Três representantes das universidades paulistas estaduais (um da Unicamp, um da Unesp e um da USP); seis representantes dos professores da rede oficial de Ensino Fundamental e Médio em efetivo exercício, sendo três da capital (um representante de escola da zona urbana central, um de escola da periferia e um do Ensino Médio) e três do interior (um de cidade de porte médio, um de cidade de pequeno porte e um representante do Ensino Médio); e um representante da Apliesp (Associação dos Professores de Língua Inglesa do Estado de São Paulo).

Disso decorre a compreensão de que a língua estrangeira deve ser (re)integrada ao currículo não devido a sua finalidade de uso técnico, mas às possibilidades de "desenvolvimento pelo aluno de estratégias de aprendizagem, ou o aumento de sua capacidade, enquanto aprendiz, de aprender a aprender" (Costa, 1987: 3).

Almeida Filho, por sua vez, busca interpretar os desdobramentos e as diferentes nuances de compreensão sobre o que caracteriza o ensino comunicativo, centrado na interação e no uso significativo e contextualizado da língua estrangeira, em contraposição ao ensino tradicional, centrado na gramática e/ou na aquisição de comportamentos verbais mecanizados. Além disso, Almeida Filho (1993: 22) também é bastante expressivo por propor um modelo (com aplicações tanto teóricas quanto empíricas) chamado Operação Global do Ensino de Línguas, a partir do qual o autor redimensiona o conceito de abordagem e propõe uma visão orgânica e dinâmica dos aspectos que constituem o conhecimento – tanto implícito quanto explícito – do professor acerca de sua prática.

1.3 De 1996 aos dias de hoje: a retomada de um currículo plurilíngue

O movimento de reconstrução da identidade do ensino de LEMs no Brasil ecoa na Lei de Diretrizes e Bases nº 9.394, de 1996, que inclui, na parte diversificada do currículo, o ensino obrigatório de uma língua estrangeira a partir da 5ª série (atual 6º ano) do Ensino Fundamental e de pelo menos uma língua estrangeira no Ensino Médio. A escolha da língua a ser incluída "ficará a cargo da comunidade escolar, dentro das possibilidades da instituição" (Seção I, Art. 26, parágrafo 5º).

Os Parâmetros Curriculares Nacionais (PCNs, 1998: 22-23) para o Ensino Fundamental sugerem pelo menos três fatores que devem ser considerados na tomada de decisão sobre quais línguas devem ser incluídas no currículo:

1) históricos, que justificariam a inclusão da língua inglesa e da língua espanhola (a primeira, dada sua crescente influência

ao longo do século XX, culminando com a globalização; a segunda, dada a intensificação das relações econômicas com os países do Cone Sul);
2) relativos às comunidades locais, que justificariam a inclusão da língua portuguesa como língua estrangeira em comunidades indígenas, por exemplo;
3) relativos à tradição, que justificariam a inclusão do francês, dado seu papel relevante nas trocas culturais para toda uma geração de brasileiros.

Vale dizer que esses mesmos três fatores poderiam justificar a inclusão de outras línguas estrangeiras em situações nas quais se leva em consideração o contexto social, econômico e cultural no qual uma comunidade escolar específica se insere. Além disso, é preciso lembrar que a política de ensino e aprendizagem de línguas não se restringe às determinações do Estado para o sistema de ensino. Para além do currículo oficial, as comunidades locais, os grupos étnicos e/ou religiosos e, em escala micro, as famílias também definem suas próprias políticas a esse respeito. A flexibilidade presente na Lei 9.394 abre a possibilidade de buscar diálogos mais estreitos entre as diretrizes curriculares gerais e as demandas e expectativas locais.

2. A hegemonia da língua inglesa como língua internacional

A política de pluralismo linguístico expressa nos documentos legais merece discussão em relação a uma questão importante: o papel hegemônico da língua inglesa em escala mundial.

De acordo com Phillipson (1992: 68-69), a expansão e a legitimação do ensino de língua inglesa ocorrem devido a diferentes fatores. O primeiro é sua função econômica de reprodução, ou seja, sua inegável função de qualificar pessoas para que tenham acesso e se insiram na comunidade de produção de conhecimento acadêmico e científico. O segundo é sua função ideológica, uma vez que existe uma aceitação geral de que a língua inglesa carrega consigo "ideias modernas", constituindo-se em uma porta de acesso a valores interpessoais, sociais e culturais que possibilitam maior capacidade de comunicação, melhor educação e, por consequência, um melhor padrão de vida (Makerere Report, 1961: 47). Esses dois fatores reforçam o terceiro fator de legitimação do ensino de língua inglesa: sua função repressiva ou condicionante. Ela se manifesta na medida em que o fenômeno da globalização parece trazer consigo, na interpretação de quem está – ou luta para estar – no mercado de trabalho, a constatação de que não há outra escolha: é imprescindível aprender inglês.

Em nosso contexto nacional, esses três fatores, somados aos escassos investimentos em formação de professores de outras línguas estrangeiras, compõem um quadro em que a hegemonia da língua inglesa é vista como uma necessidade e não como uma escolha que, de fato, reflete interesses de comunidades locais.

Por um lado, se levada ao extremo, a hegemonia da língua inglesa pode sustentar pesquisas e discursos ligados à discriminação linguística, ao imperialismo cultural e à colonização pós-moderna. Por outro lado, se levado em consideração o contexto histórico mais abrangente, a hegemonia do inglês pode sustentar pesquisas e discursos ligados à transformação da "Língua Inglesa" em "línguas inglesas"[2] ou ao estabelecimento do inglês como "língua internacional". Para Crystal (1997: 2), uma língua atinge o *status* de língua internacional quando tem um "papel especial" reconhecido em todos os países. Esse "papel especial" significa que, devido ao grande número de falantes, essa língua passou a servir como um meio mais amplo de comunicação não apenas entre indivíduos de um mesmo país, mas, também, entre indivíduos de diferentes países (McKay, 2002: 5).

Kachru (1989 apud McKay, 2002: 6-10) propõe distinguir os vários papéis que a língua inglesa possui em diferentes países por meio de um diagrama em círculos:

---

[2] Na própria língua, *from "English" to "englishes"*.

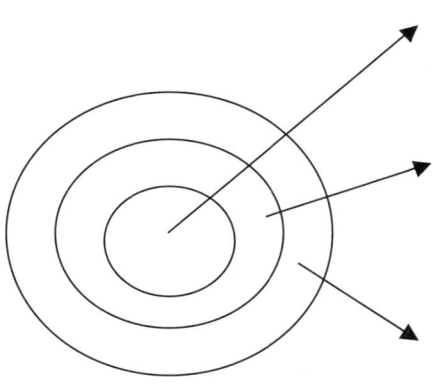

A esfera central, com países como Estados Unidos, Austrália, Canadá e Reino Unido, onde a língua inglesa é a primeira língua.

A esfera periférica, com países como Cingapura, Índia e Jamaica, onde a língua inglesa é a segunda língua em um país multilíngue.

A esfera de expansão, com países como Noruega, Dinamarca, China, Coreia e, atualmente, o Brasil, onde o inglês é estudado como língua estrangeira por um número cada vez maior de habitantes.

Figura 1   *Diagrama de Kachru*

A dinâmica de mudança e desenvolvimento da língua inglesa é peculiar em cada uma das três instâncias. Nos países da esfera central, a língua inglesa se difundiu devido a movimentos migratórios e, com o passar do tempo, cada país desenvolveu sua própria variante linguística nacional. Nos países da esfera periférica, dois tipos de desenvolvimento linguístico ocorreram: em alguns países, como a Índia, a língua inglesa se estabeleceu como uma língua de elite, com apenas uma minoria de falantes; em outros, como a Jamaica, desenvolveram-se variantes próprias chamadas *pidgins* e *creoles*. No círculo de expansão, a difusão da língua inglesa ocorre devido a seu estudo como língua estrangeira, havendo níveis de proficiência bastante distintos entre a população. A principal diferença entre a esfera periférica e a de expansão é que, na última, não há um padrão linguístico local, uma vez que a língua não tem um *status* oficial institucionalizado e é tratada como língua estrangeira (*English as a Foreign Language – EFL*).

Calcular o número de falantes de língua inglesa em escala mundial não é tarefa simples, mesmo porque seria preciso definir o grau de proficiência que um falante deve ter para ser considerado um usuário da língua. Mesmo assim, Crystal (1997) sugeria um número aproximado de um milhão e quinhentos mil falantes, sendo que o número de usuários da língua inglesa como língua estrangeira suplanta, em muito, o número de falantes nativos. É essa constatação numérica que subsidia a defesa de que a língua inglesa tornou-se uma língua internacional. Para Brutt-Griffler (apud McKay, 2002: 12-13), o estabelecimento de uma língua internacional resulta de um sistema econômico e cultural que inclui tanto o desenvolvimento do mercado comercial quanto a globalização da vida científica, cultural e intelectual. Nessa perspectiva, não se entende que a língua internacional venha a suplantar as línguas locais, mas sim estabelecer-se conjuntamente em contextos multilíngues de falantes bilíngues, que pertencem a diferentes níveis sociais.

Para além dos números, a definição de uma língua internacional traz outra questão importante: a da propriedade linguística. Brumfit (2001: 116) discute que o poder de adaptação e de mudança de qualquer língua está nas mãos das pessoas que a utilizam, não importando se são populações multilíngues ou monolíngues, falantes nativos ou não nativos.

Assim, como língua internacional, a aprendizagem de língua inglesa não estaria associada à internalização de normas culturais de falantes nativos dos países centrais, pois passaria a ser uma língua "desnacionalizada", e o objetivo educacional de aprendê-la estaria associado à possibilidade de seus usuários comunicarem suas ideias, seus valores e sua própria cultura a outros usuários que também a utilizariam para esse mesmo fim (Smith, 1976: 38).

Nesse contexto, McKay (2002: 82-83), apoiada em Kramsch (1993), define que, quanto ao ensino de línguas internacionais, dois grandes objetivos tornam-se particularmente relevantes: o estabelecimento de uma "esfera de interculturalidade" e o ensino da cultura como diferença.

O primeiro diz respeito à aprendizagem da cultura não como transferência de informações, mas sim como possibilidade de reflexão sobre a própria cultura do aprendiz quando em contato com uma outra cultura. Para isso, é preciso conhecer a outra cultura desprovido do que Spradley (1980) chama de "realismo ingênuo", ou seja, a ideia de que todas as pessoas definem o mundo real praticamente do mesmo jeito, que amor, comida, morte etc. têm significados semelhantes para todos.

O segundo remete à noção de que as identidades nacionais não são monolíticas, ou seja, não formam um bloco único e coeso, uma vez que em cada cultura existe uma variedade de características relacionadas a idade, gênero, classe social, origem regional e étnica, que se manifestam de forma multifacetada. O ensino nessa perspectiva tem o potencial de facilitar encontros entre diferentes culturas, uma vez que leva os aprendizes a considerarem que significados distintos são atribuídos por diferentes membros de uma determinada comunidade a certos comportamentos culturais.

Dissociar essas preocupações das realidades social, política e econômica nas quais o ensino está inserido provoca uma cisão entre cultura e estrutura e encoraja uma abordagem tecnicista para o ensino de língua inglesa (Phillipson, 1992: 67), cuja superação está para além da adoção de metodologias específicas, sejam elas com enfoque em estruturas linguísticas ou em comunicação.

3. Considerações sobre o ensino de uma língua internacional

As questões até aqui apresentadas representam um importante alerta para a definição de quais devem ser as preocupações educacionais norteadoras do ensino de língua inglesa.

Especificamente no Brasil, os PCNs propõem uma reflexão crítica e consistente sobre as implicações do ensino de LEMs, principalmente no documento que se refere à organização do Ensino Fundamental. Nele, entre as temáticas transversais apresentadas como eixo de organização curricular, destaca-se o tema "Pluralidade Cultural" por sua estreita ligação com as propostas para o ensino de LEMs.

Seguindo o princípio norteador, presente na LDBN 9.394, de "pluralismo de ideias e de concepções pedagógicas" (art. 3º, inciso III), os PCNs, sem propor a adoção de nenhum método específico, defendem a reconfiguração do ensino de LEMs, inclusive do ensino de língua inglesa, a partir de uma abordagem textual, na qual o texto é visto como portador de conhecimentos e não como pretexto para o ensino de estruturas sintáticas.

Esse teor do documento afina-se com a discussão sobre a necessidade de superação da noção de que há um método ideal para o ensino de línguas. Em um meio acadêmico no qual a palavra "método" teve sempre um sentido bastante forte e peculiar[3], inicia-se, em meados dos anos 80, um movimento de desconstrução[4], principalmente na comunidade de ensino de língua inglesa (*ELT – English Language Teaching*), daquilo que Stern (1985 apud Brown, 2002) chama de a "obsessão do século".

Nesse campo, Prabhu (1990) propõe três possíveis respostas à indagação presente no título de seu artigo, *There's no best method – why?*. Para o autor, dizer que não há um método ideal pode significar que métodos diferentes são ideais em contextos de ensino diferentes ou que todos os métodos são parcialmente verdadeiros – ou ideais – e, portanto, têm sua validade. Essas duas explicações, na verdade, acabam reiterando o valor inerente à noção de "método", pois delineiam um percurso de pensamento circular, no qual a tentativa de negação realimenta a busca por um método ideal. A terceira explicação aponta que a noção de bons e maus métodos é, em si mesma, enganosa. Um método não pode ser considerado bom e eficaz a despeito do professor, pois a relação pedagógica não se restringe à mera realização rotineira das atividades e das etapas nele previstas. É pre-

---

[3] Na acepção mais difundida, o termo "método" refere-se a um plano sistematizado que prevê, de forma objetiva, caminhos e técnicas para o ensino eficaz de uma língua (cf. Anthony, 1963).

[4] A força do termo "método" é tamanha, que a literatura sobre ensino de LEMs define esse momento como a "era pós-métodos".

ciso reposicionar o foco das discussões na figura do professor. Não em um professor que segue percursos previamente definidos, mas sim um professor-pensador cuja compreensão subjetiva e envolvimento com o fazer pedagógico são imprescindíveis para que seu "senso de plausibilidade" (Prabhu, 2000: 172) confira coerência e direção ao trabalho docente.

Apesar de toda essa discussão, que já transborda no meio acadêmico e se manifesta no discurso dos professores, permanece o descompasso entre a superação da noção de "método ideal" e as possibilidades de mudança de um paradigma que reduz o ensino de línguas a uma tarefa burocrática, aparentemente neutra, principalmente no ensino de língua inglesa no currículo escolar.

Um fator que parece reiterar essa lacuna é a aceitação irrefletida de que para se aprender uma língua estrangeira é preciso procurar uma escola especializada ou "morar fora" do país[5]. Alia-se a essa aceitação a discussão sobre o que diferencia o ensino de LEMs do ensino dos outros componentes curriculares. As condições de trabalho nas escolas regulares, tais como a baixa remuneração, o desdobramento da jornada de trabalho, a existência precária ou total inexistência de material didático, o número de alunos excessivo em sala de aula, entre outras, são consideradas inviabilizadoras de uma aprendizagem significativa e constituem barreiras institucional e socialmente validadas contra quaisquer projetos pessoais ou coletivos de mudança. Ao serem compreendidas dessa maneira, as especificidades do ensino de LEMs, em vez de funcionar como uma mola propulsora para propostas alternativas de trabalho, vêm contribuindo para o desmanche do ensino desse componente curricular na Educação Básica.

Ora, no tocante à organização do ensino de LEMs, a Lei 9.394, em seu artigo 24, inciso IV, postula que "poderão organizar-se classes, ou turmas, com alunos de séries distintas, com níveis equivalentes

---

[5] Para uma discussão sobre as forças discursivas que corroboram para a difusão dessa ideia, cf. Pouza, 2000/2001.

de adiantamento na matéria, para o ensino de línguas estrangeiras, artes, ou outros componentes curriculares". A partir da flexibilidade presente no texto legal, muitos profissionais se agarram à possibilidade de implantação, nas escolas regulares, de um sistema muito semelhante ao existente nas escolas especializadas no ensino de línguas. Contudo, a política e os objetivos de uma escola especializada de línguas não são, *a priori*, os mesmos da escola regular. Primeiro porque, de modo geral, uma escola especializada propõe o ensino a partir da escolha de um determinado padrão linguístico (no caso da língua inglesa, no geral, o inglês americano ou o inglês britânico). Segundo porque, em uma escola especializada, o processo de escolha de uma abordagem de ensino não envolve, ou envolve muito pouco, a participação do professor. Terceiro, e mais importante, porque o grande desafio da educação contemporânea – propiciar a realização de projetos pedagógicos coletivos, a partir dos quais as barreiras disciplinares sejam transpostas a fim de evitar a fragmentação do conhecimento – não ecoa, necessariamente, nas formas de organização do ensino de LEMs em escolas especializadas. Trata-se menos de uma questão objetiva de organização do ensino e mais de uma questão conceitual e paradigmática que demanda esforços no sentido de ressignificar a cultura de ensino e de aprendizagem de LEMs na escola regular.

4. Da ênfase na estrutura à ênfase no letramento

A concepção de língua como sistema ou estrutura faz-se presente no ensino de línguas estrangeiras de maneira bastante significativa ao longo de décadas, desde as décadas de 1920 e 1930. Na Grã-Bretanha, uma das primeiras metodologias concebidas dentro dessa perspectiva foi a Abordagem Oral ou Situacional (*The Oral Approach* ou *Situational Language Teaching*), que se fundamenta em três pilares: o ensino de vocabulário, o controle de estruturas gramaticais e a apresentação de ambos em situações, aqui entendidas como o uso de objetos concretos ou suas representações gráficas (ilustrações), que possibilitem a associação direta entre o conteúdo linguístico e seu significado. Difundida por meio de inúmeras publicações de livros didáticos, essa metodologia chegou a estabelecer, nas décadas de 1950 e 1960, aquilo que seria a referência principal para a elaboração de sequências didáticas no ensino de línguas estrangeiras: o padrão PPP (*Presentation*: apresentação de conteúdo novo em contexto situacional; *Practice*: prática controlada por meio de *drills* de repetição e de tabelas de substituição [*substitution tables*]; e *Production*: produção, ou seja, a utilização, pelos alunos, das estruturas e vocabulário apresentados e praticados com intuito de possibilitar, ao professor, avaliar se os conteúdos foram devidamente assimilados)[6].

Nos Estados Unidos, outro método de ensino, conhecido inicialmente como Método Audiolingual, e posteriormente como Método Audiovisual, incorporou, à ênfase na estrutura linguística presente desde o Método Direto (ou Método Berlitz), os pressupostos teóricos do comportamentalismo, defendidos pelo psicólogo norte-americano B. F. Skinner, definindo a aprendizagem de línguas como a aquisição de comportamentos verbais com base na tríade estímulo-resposta--reforço. Trata-se de um evento marcante na trajetória do ensino de línguas, na medida em que esse foi o primeiro método de ensino a ganhar o *status* de método científico, pois os procedimentos por ele sugeridos estariam todos fundamentados, testados e comprovados tanto por linguistas quanto por psicólogos.

O caráter científico atribuído ao Método Audiolingual transformou-o em portador de uma verdade universal sobre o ensino de línguas, aprofundando a cisão entre pensadores (cientistas, sejam eles linguistas ou psicólogos) e práticos (professores, que deveriam se restringir ao papel de veículos que colocavam o método em contato com os alunos)[7].

---

[6] O modelo PPP será problematizado no próximo capítulo.

[7] A cisão entre pensadores e práticos (*THINKERS* e *DOERS*) reflete-se na formação de professores. A esse respeito, Wallace (1991) discute o modelo de formação profissional chamado *The Applied Science Model*.

CAPÍTULO 1 Preparando o terreno

Em resposta à ortodoxia dos movimentos situacional e audiovisual no ensino de línguas, inúmeras são as manifestações de métodos alternativos ao longo da década de 1970, tais como a Sugestologia (*Suggestopedia*), o Ensino Silencioso (*Silent Way*), a Resposta Física Total (*TPR – Total Physical Response*), o Ensino Comunitário (*Community Language Teaching*), entre outros. Esses métodos constituíram ensaios de respostas à concepção de aprendizagem comportamentalista, sem, no entanto, encontrarem muita adesão entre os professores, quando comparados à força adquirida pelos Métodos Audiovisual e Situacional.

As críticas à linguística estruturalista, feitas principalmente pelo pensador norte-americano Noam Chomsky, e a busca por uma descrição da língua que desse conta de seus usos, empreendida por linguistas como Halliday e Hymes, impulsionaram, entre os linguistas aplicados e metodólogos, o surgimento do movimento comunicativo no ensino de línguas. Esse movimento, iniciado no final da década de 1960, propunha o desenvolvimento da proficiência comunicativa – e não o domínio da estrutura da língua – como base para o ensino. Vale lembrar que esse enfoque não nega o papel da competência linguística, mas, sim, supera a noção de que o desenvolvimento da competência linguística precede o desenvolvimento da competência comunicativa.

A esse propósito, Widdowson (1992, 9ª edição) discute que, além da capacidade de compor frases corretas, aprender uma língua envolve a compreensão de como essas frases tornam-se apropriadas ou não em contextos específicos. Para o autor, a composição de frases corretas corresponde à manifestação do conhecimento do sistema linguístico no que diz respeito à sua aplicação formal (*USAGE*) e a utilização dessas frases em contextos pertinentes corresponde à manifestação do conhecimento da língua em uso (*USE*). Essas duas instâncias, apesar de indissociáveis nos atos de comunicação, são constantemente separadas para fins de ensino, e a primeira (*USAGE*) tende a ser vista como ponto de partida. Essa dissociação fica evidente quando analisamos a sequência presente em muitos programas de ensino, nos quais os níveis básicos são dedicados ao estudo da manifestação da língua como sistema (suas unidades morfológicas, sintáticas, fonológicas e as regras de combinação dessas unidades) e os níveis avançados são dedicados à "conversação", ou seja, à língua em uso.

A dissociação entre a manifestação da língua como sistema e uso, conforme apontado por Widdowson, tem como efeito o esvaziamento de sua função comunicativa e reforça a concepção de que o significado de um evento comunicativo é alcançado por meio do somatório dos significados de unidades menores.

Canale e Swain (1980) propõem um modelo de competência comunicativa para além das relações entre forma e uso. Segundo os autores, a competência comunicativa é formada pela competência gramatical (domínio do código linguístico), pela competência sociolinguística (compreensão do contexto social no qual a língua é usada), pela competência discursiva (conhecimento da conexão de orações para a formação de um todo significativo, partilhado entre os usuários da língua), e pela competência estratégica (conhecimento de estratégias que compensam imperfeições e lacunas no domínio das regras). Dessa forma, aprender uma língua estrangeira torna-se mais complexo, pois a noção de que o processo é linear é desconstruída.

A superação da dissociação entre sistema e uso está além da simples adoção de diálogos como unidades de ensino, uma vez que a maioria dos diálogos pedagógicos só tem significado em contextos artificiais, o que não representa garantia de que a manifestação da língua como uso seja levada em consideração. Tal artificialidade pode chegar a extremos nos quais alunos que já sabem os nomes uns dos outros são incentivados a perguntar aos colegas *"What´s your name?"* ou, ainda, responder à pergunta *"What´s this?"*, mesmo quando todos estão vendo o objeto que o professor tem nas mãos (um livro, por exemplo).

Nesse sentido, o conceito de contextualização (em oposição ao conceito de situação) assume centralidade no ensino de línguas e as funções comunicativas (ou seja, a habilidade de fazer coisas por intermédio da língua, tais como pedir esclarecimentos, cumprimentar, narrar acontecimentos em ordem cronológica, entre outras) tornaram-se o eixo articulador do que ensinar.

Além disso, o ensino da modalidade escrita torna-se presente já nos estágios iniciais da aprendizagem, que passa a ser incorporada segundo o princípio da integração de habilidades (ouvir, falar, ler e escrever), pois elas estão imbricadas na manifestação da competência comunicativa em contextos reais de uso, nos quais frequentemente vivemos situações em que ouvimos e fazemos anotações (como em uma palestra, por exemplo), falamos e ouvimos (como em uma conversa), falamos e escrevemos (como em uma reunião de trabalho) etc.

Os pressupostos postulados pelo movimento comunicativo, em sintonia com as novas abordagens e diretrizes para a educação em geral, delineadas com base no construtivismo de J. Piaget, contribuíram para que se estabelecesse um panorama no qual o ensino de línguas para a comunicação ocupava o centro dos debates. A difusão do movimento comunicativo foi tão avassaladora que nenhum professor ou estudioso do ensino de línguas ousava – ou ousaria, ainda hoje – autoproclamar-se não comunicativo, mesmo que suas práticas ainda sejam altamente influenciadas pela visão estruturalista-comportamentalista.

Entretanto, o movimento comunicativo não conseguiu, de forma efetiva, superar a separação entre o ensino da modalidade oral e o da modalidade escrita. Na verdade, as diferentes interpretações de seus pressupostos levaram à distinção entre uma versão radical e uma versão moderada do que seria o ensino para a comunicação[8]. Em ambas, reiterou-se a compreensão de que a comunicação está vinculada à troca de informações verbais face a face, e a linguagem verbal escrita acabou sendo tratada por meio de textos vistos apenas como fonte de informações. Assim, a habilidade de análise textual – ou seja, aprender a ler, discutir, pensar e escrever criticamente sobre

---

[8] A esse respeito, cf. Almeida Filho (1992).

como diferentes textos são produzidos e interpretados – foi posta à margem ou deixada para estágios posteriores, quando os alunos já teriam adquirido proficiência oral adequada para se engajarem nesse tipo de atividade.

Na década de 1990, a teoria sociocultural de L. S. Vygotsky firma-se no cenário das discussões educacionais e a concepção de língua como instrumento simbólico que constitui o sujeito discursiva social e culturalmente, mediando sua atividade comunicativa e psicológica, passa a se fazer presente também nas discussões sobre o ensino de línguas estrangeiras, principalmente nos trabalhos de pesquisadores como J. P. Lantolf, L. van Lier e R. Donato.

No cenário internacional, modos de compreender o ensino e a aprendizagem de línguas estrangeiras mais condizentes com os pressupostos da teoria sociocultural foram propostos, cada um buscando acrescentar novas dimensões ao movimento comunicativo, sem, no entanto, constituírem métodos prescritivos. Os mais significativos são:

- ensino baseado no conteúdo (*CBI – Content-based Instruction*), cuja preocupação central é expressa pelo pressuposto de que se aprende uma língua de modo mais eficiente quando os estudantes a usam como meio para adquirir informações e não como um fim em si mesma. Assim, a organização do ensino de línguas deve ser articulada em torno de como os significados e as informações são comunicados e construídos por meio de textos e do discurso[9];
- ensino baseado em tarefas (*TBLT – Task-based Language Teaching*), segundo o qual as tarefas (entendidas como atividades

---

[9] Texto é o artefato físico (impresso ou oral) que é portador da linguagem enquanto uso, ou seja, os dados linguísticos concretos e observáveis que estão disponíveis à interpretação. Discurso é um conceito mais abrangente e associa o texto aos processos sociais e cognitivos que estão envolvidos na negociação de significado durante a produção e interpretação desse texto. O discurso envolve a manifestação dinâmica dos textos (ou portadores) em atos expressivos ou comunicativos.

que têm como foco a produção de sentido) devem ser as unidades centrais do planejamento e do ensino, e o processo vivido pelo aluno para realizá-las por meio do engajamento na resolução de problemas deve assumir relevância em relação ao comportamento verbal manifestado pelo aluno (ou o produto);
- a abordagem cooperativa (*Cooperative Language Learning*), que enfatiza o desenvolvimento intermental dos aprendizes, por meio de trocas de informações em grupos socialmente estruturados pelo professor, a fim de propiciar que os alunos aprendam uns com os outros, criando uma interdependência positiva.

Especificamente no Brasil, novas demandas para a Educação Básica, principalmente a necessidade de retomar a essência do que seria a formação do educando para a cidadania, também começavam a se delinear na década de 1990, constituindo um novo desafio: o ensino de línguas para a comunicação que, do ponto de vista prático, ainda não havia se instalado nas escolas ou estava reduzido ao ensino de funções comunicativas, fortemente influenciado pelo estruturalismo e pelo comportamentalismo, tem sua validade questionada no contexto educacional, em virtude da necessidade de incorporar não apenas temas ligados à cidadania, mas também modos de desenvolver competências e habilidades transdisciplinares capazes de contribuir para a formação geral do educando segundo a perspectiva sociocultural.

Os PCNs para o Ensino Fundamental – Ciclo II (5ª, 6ª, 7ª e 8ª séries ou, na nomenclatura atual, 6º, 7º, 8º e 9º anos) e as Orientações Curriculares Nacionais para o Ensino Médio esboçam caminhos pelos quais o ensino de línguas estrangeiras poderia responder às demandas anteriormente mencionadas: a centralidade da leitura e da escrita, a ênfase no letramento e a valorização dos conhecimentos de mundo e de organização textual em relação aos conhecimentos sistêmicos. De certa maneira, esses documentos ecoam os princípios da abordagem cooperativa e das abordagens baseadas no conteúdo e em tarefas, transpostos e reinterpretados para o contexto educacional brasileiro.

Kern (2000) sintetiza os objetivos de currículos com ênfase na estrutura, na comunicação e no letramento na tabela reproduzida a seguir:

Tabela 1 *Síntese dos objetivos de diferentes currículos*

STRUCTURAL EMPHASIS	COMMUNICATIVE EMPHASIS	LITERACY EMPHASIS
Knowing	Doing	Doing and reflecting on doing in terms of knowing
Usage	Use	Usage/use relations
Language forms	Language functions	Form-function relationship
Achievment (i.e., display of knowledge)	Functional ability to communicate	Communicative appropriateness informed by metacommunicative awareness

Fonte: Kern, 2000: 304.

Essa síntese permite-nos uma melhor compreensão de como se configura o ensino de línguas atualmente. Se as ênfases na estrutura e na comunicação colocavam-se em direta confrontação, erigindo-se em oposição de ideias e de conceitos, hoje a ênfase no letramento sustenta-se nas relações existentes entre esses princípios e conceitos e na construção de uma visão de ensino de línguas emancipadora, que possa propiciar maior autonomia intelectual e maior capacidade de reflexão tanto aos professores quanto aos aprendizes.

CAPÍTULO 1   Preparando o terreno

 ATIVIDADES PARA APROFUNDAMENTO E REFLEXÃO

Atividade 1
Você certamente já ouviu alguma história de alguém que estudou inglês por determinado tempo, até adquirir um conhecimento muito bom. Certo dia essa pessoa tem a oportunidade de viajar para o exterior. A princípio, ela pensa ser uma excelente oportunidade, pois, após anos de estudo e dedicação, sente-se segura para colocar em prática todo o conhecimento adquirido. Ao retornar da viagem, no entanto, reporta sua frustração por não ter conseguido um desempenho satisfatório: não compreendia boa parte do que as pessoas diziam, não conseguia encontrar as palavras certas para se expressar com fluência etc.
Levante hipóteses sobre por que isso acontece, levando em conta as noções de competência linguística e de competência comunicativa aqui apresentadas e a questão do ensino de inglês como língua internacional.

Atividade 2
Leia este trecho de Kramsch (2000: 133-134) em que a autora assim sintetiza os princípios da teoria sociocultural:

"In sociocultural theory, linguistic signs and psychological processes do not precede their use in social contexts; on the contrary, it is social activity, and its material forms of social and cultural mediation, that precedes the emergence of individual forms of consciousness. For Vygotsky, psycholinguistic processes are the reconstruction in the mind of the individual of the mediated social interactions that this individual has experienced on the social plane. This mediation occurs through signs of various sorts, e.g., linguistic, visual, acoustic. Thus, for Vygotsky, linguistic signs are never arbitrary. They are created, used, borrowed, and interpreted by the individual for the purposeful actions

in which he/she is engaged. Language emerges from social and cultural activity, and only later becomes an object of reflection."

a) O que significa dizer que a atividade social precede a manifestação da consciência individual? E, nesse contexto, qual a relação entre interação e aprendizagem?
b) Ao aprender, por exemplo que *bank*, em inglês, somente equivale a banco em português, no sentido de "instituição financeira", mas que banco como em "banco de praça" é *bench* e banco como banqueta é *stool*, muitos alunos manifestam aquilo que se convencionou chamar de "hipótese ingênua" (ou *naive hypothesis*) de que há equivalência exata entre as palavras das diferentes línguas. É essa hipótese que os faz desabafar, dizendo: "Por que em inglês tem que ser tudo complicado? Por que não pode ser como em português? Pão é pão, gato é gato!". Relacione esse desabafo à noção de não arbitrariedade dos signos linguísticos e a relação entre aprendizagem de língua e de cultura.

Atividade 3
Retome os registros de suas memórias, produzidos com base na proposta de reflexão inicial deste capítulo. Que princípios metodológicos e concepções de língua e de aprendizagem descritos nesta parte do livro marcaram sua experiência como aprendiz de língua inglesa? E sua experiência como professor?

CAPÍTULO 2
De conteúdos e textos

> **REFLEXÃO INICIAL**
>
> É bastante comum encontrarmos professores que, principalmente nos estágios iniciais, fazem a opção de organizar os cursos que ministram com base em conjuntos lexicais, tais como *parts of the house* e *days of the week*, ou tópicos gramaticais, tais como *simple present* e *degrees of comparison*. No geral, essa forma de organização do ensino de uma língua emerge da concepção de que para compreender um texto – oral ou escrito – é preciso conhecer, previamente, os elementos linguísticos (principalmente tempos verbais e vocabulário) nele presentes.
>
> Se o conhecimento do léxico e de estruturas frasais é um pré-requisito para a compreensão, por que, mesmo em língua portuguesa, há alunos que leem textos, mas não conseguem compreendê-los?
>
> Anote suas considerações e ideias a esse respeito e, se possível, partilhe-as com outros colegas professores antes de prosseguir com a leitura.

A discussão proposta na reflexão inicial deste capítulo coloca em questão dois princípios centrais no planejamento de cursos: a definição do que é o conteúdo no ensino de línguas e a organização e sequenciamento desse conteúdo na composição do programa de ensino.

1. A definição de conteúdo no ensino de línguas

A noção do que é conteúdo não foi sempre a mesma na história da metodologia do ensino de línguas. Ela reflete as concepções de língua e de aprendizagem em que as práticas de ensino se baseiam, como vimos anteriormente. Retomemos alguns exemplos da trajetória do ensino de línguas para situar essa questão um pouco melhor[10].

A mais tradicional forma de organização sistematizada de ensino de línguas estrangeiras é o Método de Gramática e Tradução, amplamente utilizado no século XIX e no início do século XX. Naquele contexto, a aprendizagem de uma língua estrangeira constituía uma importante ferramenta para se ter acesso à literatura, ou seja, para poder ler as obras dos principais escritores no original. Desse modo, a linguagem verbal escrita era, ao mesmo tempo, a razão e o objetivo para o estudo da língua estrangeira, e o meio para aprendê-la era a análise da organização do texto e de seus elementos constitutivos. Assim, excertos de textos literários tornavam-se objeto de estudo, por meio de exercícios de análise linguística e de tradução. Nesse

---

[10] As referências cronológicas devem ser aqui entendidas de modo flexível, uma vez que é muito difícil definir datas exatas em que um determinado método começou a ser discutido ou deixou de ser tido como uma referência para o ensino. Além disso, dois outros aspectos devem ser levados em consideração. O primeiro diz respeito ao fato de que, muitas vezes, as discussões sobre os princípios que dão sustentação a um método antecedem a proposição do método propriamente dito. O segundo relaciona-se à constatação de que a proposição de um novo método não significa que métodos anteriormente utilizados sejam automaticamente apagados das práticas de ensino efetivamente implementadas em diferentes programas e cursos.

sentido, gramática e vocabulário eram as unidades centrais de conteúdo a serem tratados.

A concepção de que língua é fala traz à tona um outro modo de pensar o ensino de línguas. Com base nessa premissa, o Método Audiolingual, por exemplo, muito difundido em meados do século XX, passa a preocupar-se com elementos próprios da oralidade, como a pronúncia e a entonação. Esses elementos passaram, então, a ser vistos como conteúdos relevantes no ensino.

Outra discussão importante relaciona-se à questão do contexto, pois ele ao mesmo tempo influencia e restringe as escolhas que os falantes fazem para atingir seus objetivos de comunicação. Uma função comunicativa, como por exemplo, "apresentar alguém" pode ter variadas manifestações verbais, entre elas: *"This is my friend....", "I'd like you to meet my friend.....", "Have you met my friend...?"* ou *"Meet my friend..."*. A escolha feita, pelo falante, das funções a serem utilizadas em um determinado evento comunicativo depende menos de sua manifestação verbal e mais de sua adequação aos contextos e às situações de comunicação em que os interlocutores estão inseridos. Nesse sentido, as próprias funções, bem como as situações comunicativas, tais como *ordering food in a restaurant, making a hotel reservation* passaram, também, a ser vistas como conteúdo.

Em alguns programas de ensino, as habilidades comunicativas (falar, ler, escrever, ouvir) também representam núcleos de conteúdo a ser ensinados, uma vez que, por exemplo, para escrever uma carta é preciso saber organizar parágrafos e utilizar elos de coesão, tais como conjunções e advérbios. Além disso, não aprendemos apenas sobre a língua, mas, também, a fazer coisas por meio da língua. Assim, as atividades e tarefas desenvolvidas podem ser tomadas como conteúdo, uma vez que é preciso que o aluno aprenda a distinguir entre informações centrais e complementares para que possa tomar decisões e resolver problemas apresentados nessas tarefas.

Em outros programas de ensino, a questão cultural é central. Para Kramsch *"culture is the underlying dimension of all one knows and does"*, ou *"the piece that makes everything else makes sense"*. Nesse sentido, a sensibilização cultural como um meio que possibilita compreender e interpretar aspectos e comportamentos pode ser vista como conteúdo.

Há, ainda, programas de ensino nos quais a língua é vista como meio e não como fim. Na educação bilíngue, o currículo é organizado em torno da ideia de que a língua é aprendida no trabalho com diferentes componentes curriculares (*English across the curriculum*). Desse modo, temas e conteúdos conceituais de diferentes áreas do conhecimento, tais como geografia, história, matemática, têm estatuto de conteúdo também para o ensino de língua inglesa.

Mais recentemente, como é o caso do Quadro Comum Europeu de Referência (*CEFR – Common European Framework of Reference*), a noção de competência, ou seja, a capacidade de mobilizar conhecimentos e valores e de tomar decisões para agir de modo pertinente numa determinada situação, assumiu a centralidade na organização de currículos e programas. Nesse sentido, conteúdos passaram a ser expressos em *saberes*:

- SABER (*knowledge*): gramática, léxico, pronúncia, temas e assuntos (não necessariamente relacionados à língua, mas sim a conhecimentos escolares e culturais, em sentido amplo, relevantes para o momento de formação dos alunos);
- SABER FAZER (*know-how*): habilidades comunicativas (ler, ouvir, compreender, escrever) e competências cognitivas ligadas à realização de atividades e tarefas, tais como analisar situações, categorizar e comparar informações, tomar decisões, identificar padrões, entre outras;
- SABER SER (*be*): atitudes em relação à aprendizagem e à imagem do próprio aprendiz e dos parceiros de aprendizagem, bem como em relação a comunidades de falantes da língua em estudo, sejam eles nativos ou não;

- SABER APRENDER (*learn*): estratégias de aprendizagem, reflexões sobre a aprendizagem na escola e fora dela.

Graves (1996), ao discutir as mudanças na noção de conteúdo em programas de ensino de inglês, chega ao seguinte quadro-síntese, no qual as categorias de conteúdo mais tradicionais estão na base e as mais recentemente incorporadas estão no topo:

Quadro 1   Conteúdos para o ensino de inglês

Participatory processes Examples: problem posing, experiential learning techniques	Learning strategies Examples: self-monitoring, problem identification, note taking	Content Examples: academic subjects, technical subjects	
Culture Examples: culture awareness, culture behavior, culture knowledge	Tasks and activities Examples: information gap activities, projects skills or topic-oriented tasks such as giving a speech or making a presentation	Competences Examples: applying for a job, renting an apartment	
Listening skills Examples: listening for gist, listening for specific information, inferring topic, choosing appropriate response	Speaking skills Examples: turn-taking, compensating for misunderstanding, using cohesive devices	Reading skills Examples: scanning for information, skimming for gist, understanding rhetorical devices	Writing skills Examples: using appropriate rhetorical style, using cohesive devices, structuring paragraphs

(continua)

(continuação)

Functions Examples: apologizing, disagreeing, persuading	**Notions and topics** Examples: time, quantity, health, personal identification	**Communicative situations** Examples: ordering in a restaurant, buying stamps at the post office
Grammar Examples: structures (tense, pronouns), patterns (questions)	**Pronunciation** Examples: segmentals (phonemes, syllables), suprasegmentals (stress, rhythm, intonation)	**Vocabulary** Examples: word formation (suffixes, prefixes), collocation, lexical sets

Fonte: Graves, 1996: 25.

Partimos, então, de uma noção restrita de conteúdo, em que a gramática e o vocabulário eram os componentes quase que exclusivos na organização dos cursos, para uma noção bastante abrangente, em que o conteúdo se relaciona a aspectos ligados a conceitos (linguísticos ou não), procedimentos e atitudes. Essa abrangência necessariamente implica escolhas, uma vez que é virtualmente impossível "ensinar tudo" em um único curso. Essas escolhas, no geral feitas no momento do planejamento, devem refletir os objetivos do curso e as necessidades formativas dos estudantes.

CAPÍTULO 2   De conteúdos e textos

ATIVIDADES PARA APROFUNDAMENTO E REFLEXÃO

Atividade 4

Nos livros didáticos, encontramos, logo no início, páginas intituladas *Content Page ou Syllabus Grid*. Nelas há a explicitação de como o conteúdo é organizado naquele material. Escolha o sumário de dois ou

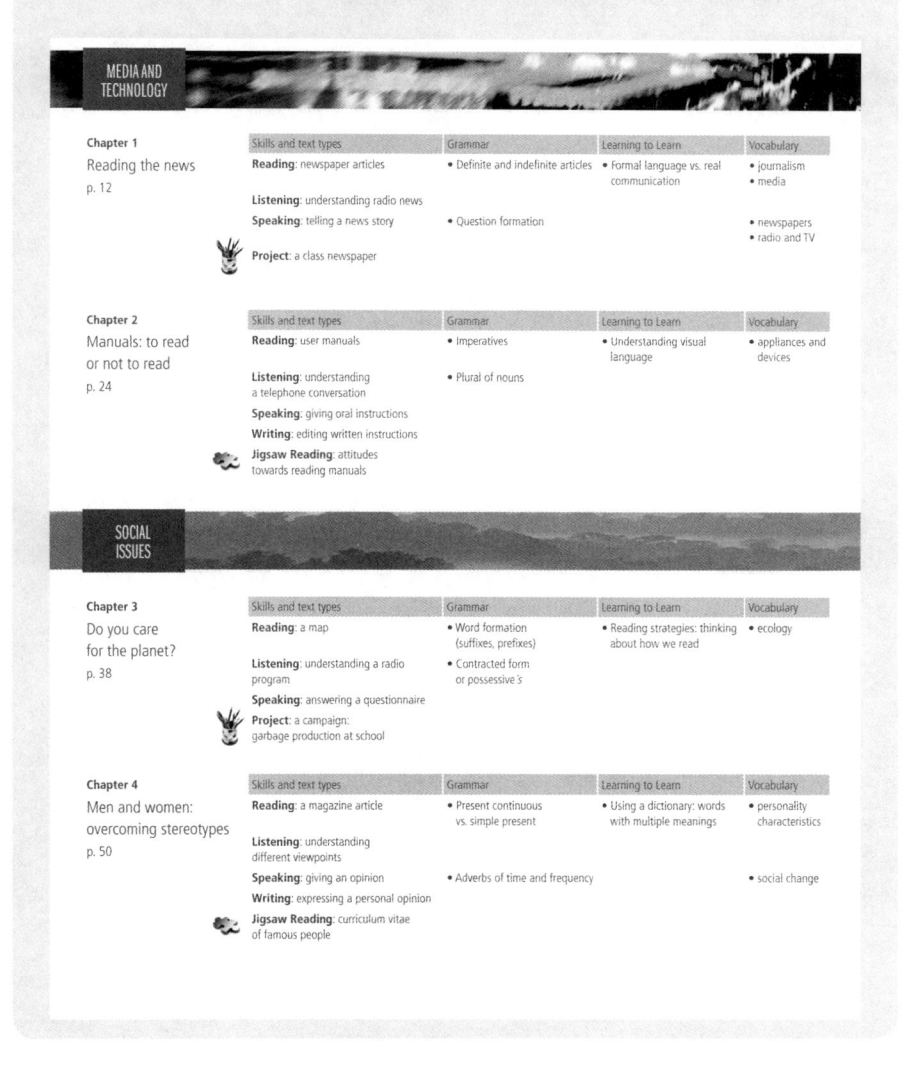

MEDIA AND TECHNOLOGY

	Skills and text types	Grammar	Learning to Learn	Vocabulary
Chapter 1 Reading the news p. 12	**Reading**: newspaper articles **Listening**: understanding radio news **Speaking**: telling a news story **Project**: a class newspaper	• Definite and indefinite articles • Question formation	• Formal language vs. real communication	• journalism • media • newspapers • radio and TV
Chapter 2 Manuals: to read or not to read p. 24	**Reading**: user manuals **Listening**: understanding a telephone conversation **Speaking**: giving oral instructions **Writing**: editing written instructions **Jigsaw Reading**: attitudes towards reading manuals	• Imperatives • Plural of nouns	• Understanding visual language	• appliances and devices

SOCIAL ISSUES

	Skills and text types	Grammar	Learning to Learn	Vocabulary
Chapter 3 Do you care for the planet? p. 38	**Reading**: a map **Listening**: understanding a radio program **Speaking**: answering a questionnaire **Project**: a campaign: garbage production at school	• Word formation (suffixes, prefixes) • Contracted form or possessive 's	• Reading strategies: thinking about how we read	• ecology
Chapter 4 Men and women: overcoming stereotypes p. 50	**Reading**: a magazine article **Listening**: understanding different viewpoints **Speaking**: giving an opinion **Writing**: expressing a personal opinion **Jigsaw Reading**: curriculum vitae of famous people	• Present continuous vs. simple present • Adverbs of time and frequency	• Using a dictionary: words with multiple meanings	• personality characteristics • social change

Ensino de Língua Inglesa

três livros didáticos para o ensino de língua inglesa com os quais você esteja familiarizado, e também as grades a seguir, para responder às seguintes perguntas:

- Que conteúdos são valorizados nesses materiais?
- Como esses conteúdos são organizados?

EDUCATION AND WORK

Chapter 5	Skills and text types	Grammar	Learning to Learn	Vocabulary
Education and fame p. 64	**Reading**: a magazine article	• Simple past: regular and irregular verbs	• Memorizing irregular verbs	• education
	Listening: understanding a biography			
	Speaking: pronouncing the –ed ending	• Time expressions		
	Project: a biography collection			

Chapter 6	Skills and text types	Grammar	Learning to Learn	Vocabulary
Working for a change p. 76	**Reading**: an essay	• Cohesive devices	• Grammar awareness: identifying parts of speech	• work and career
	Listening: understanding a radio program	• Expressing future ideas: *will* vs. *going to*		• personalities and job types
	Speaking: discussing questionnaire results			
	Writing: describing a job			
	Jigsaw Reading: teenage work experiences			

CULTURAL IDENTITY

Chapter 7	Skills and text types	Grammar	Learning to Learn	Vocabulary
Multiracial and multicultural families p. 90	**Reading**: a personal narrative	• *Either, neither, both* • Past continuous vs. simple past	• Guessing meaning from context	• nationality and appearance
	Listening: understanding personal narratives	• Linking words: *while, as, when*		
	Speaking: describing embarrassing situations			
	Project: a photonovel			

Chapter 8	Skills and text types	Grammar	Learning to Learn	Vocabulary
Cinema and music: from local to global p. 102	**Reading**: an essay	• *There + be*: past, present and future	• Reading beyond words	• art • film
	Listening: understanding a radio program	• Revision: question forms with verb *be*		• music • globalization
	Speaking: expressing your opinion	• Adverbs and adjectives		
	Writing: describing a famous person			
	Jigsaw Reading: opinions on Hollywood and local cinema			

Activity icons   Pair work   Group work

CAPÍTULO 2 De conteúdos e textos

MEDIA AND TECHNOLOGY

	Skills and text types	Grammar	Learning to Learn	Vocabulary
Chapter 9 TV: information or alienation? p. 116	Reading: an Internet article	• Making comparisons	• TV and Learning English	• TV programs
	Listening: taking notes from descriptions			
	Speaking: conducting a class opinion poll	• Intensifiers		• adjectives to describe likes and dislikes
	Project: a TV guide			
Chapter 10 How far can modern technology go? p. 128	Skills and text types	Grammar	Learning to Learn	Vocabulary
	Reading: a newspaper article	• Conjunctions	• Speaking and talking	• abbreviations
	Listening: identifying speakers and what they say	• Prepositions of place		• acronyms
	Speaking: conducting an interview	• Used to		• language of text messages and the Internet
	Writing: translating from *lingo* into plain English			
	Jigsaw Reading: tips for going online			

SOCIAL ISSUES

	Skills and text types	Grammar	Learning to Learn	Vocabulary
Chapter 11 Children and violence p. 142	Reading: an Internet article	• Recognizing the passive voice	• The importance of the overall organization of a text	• children's rights
	Listening: understanding life stories	• Defining relative clauses		• family • social problems
	Speaking: retelling stories			
	Project: campaign for increasing literacy rates			
Chapter 12 Soon we will be older p. 154	Skills and text types	Grammar	Learning to Learn	Vocabulary
	Reading: a magazine article	• Modal verbs: possibility and recommendation	• Communication strategies	• body • health
	Listening: understanding the gist and specific information in a description			
	Speaking: undertanding proverbs and sayings			• social change
	Writing: using punctuation marks and capital letters			
	Jigsaw Reading: achievements of senior citizens			

Atividade 5

Agora escolha alguns planejamentos (anuais, bimestrais ou trimestrais) feitos por você mesmo nos dois últimos anos e reflita sobre suas opções de conteúdo e de organização de conteúdo, procurando relacioná-las aos objetivos dos cursos que você ministra.

2. A centralidade do texto

A noção ampliada de conteúdo (envolvendo aspectos da língua em si, e, também, de seus usos e das atitudes e valores a ela associados) nos coloca uma questão importante: qual é o ponto de partida, a unidade central no planejamento de atividades que possam propiciar aprendizagens significativas? Em outras palavras, de onde partimos: do ensino de palavras, de regras de gramática, de situações? A resposta a essas indagações torna importante a discussão sobre a centralidade do texto no ensino de línguas. Mas o que é um texto? Vejamos uma rápida definição e algumas situações.

> O texto é a manifestação concreta do discurso. Essa manifestação – oral ou escrita – pode ser exclusivamente verbal ou combinar linguagens (verbal e não verbal).
>
> Uma lista de palavras ou frases soltas, mesmo que escritas ou faladas corretamente, não constitui um texto, pois falha em atender uma característica importante: um texto é sempre uma unidade geradora de sentido, que estabelece diálogos com outros textos e com o contexto de sua produção. Nesse sentido, um texto sempre traz, em si, aspectos que revelam marcas culturais, históricas, sociais e pessoais de quem o produz e do contexto em que é produzido.

CAPÍTULO 2   De conteúdos e textos

Observe os exemplos a seguir:

TEXTO 1

TEXTO 2

14TH ANNUAL SAN DIEGO LATINO FILM FESTIVAL 2007

Saturday, March 11, 2007

Room 5

La Tropical (Documentary: Cuba 2004, 93 min, 35mm)	12:00
Four Days in September (USA / Brazil 1997, 110 min., 35mm)	02:30
Al Otro Lado (Narrative: Mexico 2005, 80 min, 35mm)	05:00
Mi Abuelo Mi Papa y Yo (Colombia 2005, 95 min, 35mm)	07:30
O Casamento de Romeu e Julieta (Brazil 2005, 90 min, 35mm)	09:45

Room 7

Para Que No Me Olvides (Spain 2004, 100 min, 35mm)	11:00
Las Mantenidas sin Suenos (Argentina 2004, 94 min, video)	01:30
Chivas USA: Si se puede (Documentary: USA, 2004, 81 min, video)	04:00
Cayo (Puerto Rico 2005, 111 min, 35mm)	07:00
Barrio Cuba (Spain / Cuba 2005, 106 min, video)	10:00

Sunday, March 12 – 2007

Room 5

Adios Momo (Uruguay 2005, 100 min, 35 mm)	12:00
7 Dias (Mexico 2005, 95 min, 35mm)	02:30
Malas Temporadas (Spain 2005, 115 min, 35mm)	05:00
Ronda Nocturna (Argentina, 81 min, video)	07:30
Las Mantenidas sin Suenos (Argentina 2004, 94 min, video)	09:45

Room 7

Tow In Surfing (Documentary: Brazil 2005, 71 min, video)	11:00
The New Los Angeles (Documentary: 65 min, video)	01:30
Desamores (Puerto Rico 2004, 108 min, video)	04:00
El Viento (Argentina 2005, 92 min, 35mm)	07:00
Noticias Lejanas (Mexico 2005, 120 min, video)	10:00

CAPÍTULO 2   De conteúdos e textos

> **ATIVIDADES PARA APROFUNDAMENTO E REFLEXÃO**
>
> **Atividade 6**
> Que conteúdos poderiam ser ensinados com base nos textos 1 e 2? Para responder, leve em consideração a noção ampliada de conteúdo discutida anteriormente neste capítulo, bem como a definição de texto que acabou de ser apresentada.

3. Que texto escolher?

Ao tratarmos o texto – oral ou escrito – como a unidade básica em torno da qual serão organizadas situações que promovam a aprendizagem, vale refletir sobre duas questões: que texto escolhemos e como fazemos essa escolha.

3.1 Textos autênticos e textos pedagógicos

Um texto autêntico é aquele que não foi originalmente produzido com a função de ensinar a língua. Ele pode ser adaptado ou não, mas o que o diferencia de um texto pedagógico é o seu objetivo de produção. Compare:

John is in the living room. He is watching television. His mother is in the kitchen. She is preparing dinner. His father is in the living room. He is reading the newspaper.

TEXTO 1

O primeiro texto é o que chamamos texto pedagógico. Ele foi construído com base no princípio da simplificação e foi escrito para evidenciar – seja para apresentação ou prática – alguns aspectos linguísticos, no caso, o tempo verbal *present continuous*, *actions*, *family members* e *parts of the house*. Apesar de bastante comum em livros didáticos, cabe indagar em que contexto de uso alguém diria ou escreveria uma sequência de frases assim organizada. O ensino baseado exclusivamente em textos desse tipo desvincula a língua de seus usos e de seus usuários, e contribui para a separação entre o inglês "da escola" e o inglês "do mundo" e, nesse sentido, reitera a noção de que o conhecimento dos elementos linguísticos constitui pré-requisito para a compreensão, ou seja, a noção de que primeiro é preciso aprender a língua para depois aprender a usar a língua. É claro que mesmo esse texto pode ser o ponto de partida para promover outras leituras. Por exemplo, pode-se propor uma discussão a respeito dos papéis desempenhados pelos personagens ilustrados (quem lê, quem cuida da casa e quem assiste à televisão) e a própria imagem da família mononuclear (com pai, mãe e filho); entretanto, esse não parece ter sido o objetivo inicial de produção do texto.

TEXTO 2

O segundo texto é um texto autêntico. Para compreendê-lo, é preciso tecer várias leituras, algumas mais explícitas no texto, tais como a identificação dos personagens dos contos de fadas (o homem de lata de *O mágico de Oz*, e Pinóquio, da história de mesmo nome); a relação entre os personagens, as matérias-primas de que são feitos e os elementos verbais e gráficos que os associam à ideia de preservação ambiental (o ícone de material reciclado no homem de lata, a etiqueta de origem da madeira em Pinóquio, a faixa que anuncia a convenção dos personagens "ambientalmente corretos"); e outras menos explícitas, como a interlocução com o conceito de atitudes "politicamente corretas", o diálogo com outros textos (entre eles, o livro *Politically Correct Bedtime Stories*, de James Finn Garner), e a intenção do autor: ironia ou defesa da consciência ambiental?

Nesse movimento de articulação entre texto, contexto de produção e contexto de leitura, aspectos linguísticos vão requerer instrução explícita, até porque podem dificultar a leitura, principalmente quando levamos em consideração que o aluno é um aprendiz da língua. Por exemplo, a ordem das palavras no sintagma nominal *environmentally correct fairy tale characters* tende a ser difícil para falantes do português, uma vez que seu núcleo está na última palavra, e todas as outras, sejam elas um advérbio, um adjetivo ou um outro substantivo, modificam esse núcleo. Para entender isso, não basta dizer que em inglês a ordem das palavras é invertida, ou, de modo ainda mais simplificado, o "adjetivo vem antes do substantivo". Será preciso "quebrar" essa construção em algo como: é uma convenção para reunir personagens de histórias infantis (*characters*), mas não de quaisquer histórias – apenas de contos de fadas (*fairy tales*), mas não de quaisquer contos de fadas, apenas aqueles que revelam a preocupação de preservar o meio ambiente (*environmentally correct*).

Como se trata de um texto que não foi escrito para fins pedagógicos, sua leitura será mais densa e vai requerer a mediação de um leitor mais experiente e mais proficiente: o professor.

Com a discussão até aqui promovida, não queremos negar toda e qualquer presença de textos facilitados no ensino de línguas, mas sim refletir sobre suas características e os diferentes objetivos e expectativas de trabalho que se pode ter ao utilizá-los nas aulas. No entanto, é perceptível que textos autênticos possibilitam explorar redes de habilidades e conhecimentos (informações acerca da língua, tais como: léxico, sintaxe, semântica, fonologia; usos de linguagem contextualizados e relações entre as identidades dos interlocutores; habilidades de pensamento e linguísticas – leitura, escrita, produção e compreensão oral etc.), viabilizando um trabalho mais rico e aprofundado do que, no geral, é possível com textos pedagógicos.

3.2 Como escolhemos os textos

Muitos livros didáticos trazem exemplos de textos pedagógicos e autênticos (facilitados ou não) para o ensino de línguas, já organizados em sequências didáticas com atividades de preparação, compreensão, vocabulário e análise linguística. Então, vamos voltar nossa atenção ao modo como escolhemos textos autênticos que não estão em livros didáticos, por exemplo, histórias em quadrinhos, charges, poemas, músicas, trechos de filmes, *sites* na Internet, textos encontrados em jornais e revistas (classificados, anúncios, notícias) e documentários, entre outros.

3.2.1 A escolha pelo interesse dos alunos

No geral, é consenso entre os professores que os textos devem despertar o interesse dos alunos, motivando-os a assistir, ler ou ouvir o material que lhes é apresentado e com ele interagir. Esse interesse está intimamente relacionado à possibilidade de despertar a curiosidade, abrindo caminho para as aprendizagens que se quer favorecer. Esse é, sem dúvida, um aspecto importante, mas é preciso lembrar que nem sempre é possível encontrar textos que interessem a todos.

Muito da ação do professor, aliás, diz respeito à necessidade de suscitar o desejo, ou, como diria Philippe Meirrieu, de "criar o enigma". Para isso, é preciso conhecer os alunos e com eles dialogar, para evitar generalizações acerca das representações que fazemos deles (positivas ou negativas) e que nem sempre favorecem o estabelecimento de elos entre aquele que ensina e aquele que aprende. A propósito, sobre tais representações, é preciso aguçar nosso olhar e observar como os alunos interagem com os usos da língua inglesa inseridos em nosso contexto (o da língua portuguesa), por meio de suportes como a mídia, a tecnologia e os jogos. Pode ser surpreendente verificar que um aluno, inicialmente tido como apático ou desinteressado, na verdade participa de uma ou mais comunidades nas quais a língua inglesa está presente. Essa observação pode nos ajudar a encontrar elos de interesse e despertar a motivação para aprendizagem da língua.

ATIVIDADES PARA APROFUNDAMENTO E REFLEXÃO

Atividade 7
Procure se lembrar de um texto (um trecho de filme, uma história em quadrinhos, um poema) que você tenha escolhido para trabalhar com seus alunos porque realmente acreditava que ele despertaria o interesse da turma, mas que causou uma reação oposta. Descreva a turma (idade, características e reações dos alunos), a situação de aprendizagem que você organizou em torno do texto (as atividades realizadas) e o momento (as aulas, a época do ano, outras atividades em que a turma estava envolvida) em que a situação se desenvolveu. Elabore um relato dessa experiência e apresente-o a outros professores. Colha impressões a respeito do que pode ter suscitado a reação de rejeição, tanto em relação ao texto propriamente dito, quanto em relação à situação de aprendizagem e ao momento em que ela se desenvolveu.

3.2.2 A escolha pela presença de aspectos linguísticos a serem trabalhados

Imagine a seguinte situação: você está em casa, ouvindo rádio e toca uma música em inglês cujo ritmo lhe agrada. Você, então, passa a ouvi-la mais atentamente e percebe que há várias ocorrências de *present continuous* na letra da canção. Imediatamente você decide usá-la com uma de suas turmas, justamente aquela na qual você está sistematizando esse tempo verbal.

Esse tipo de escolha ocorre devido à presença de um aspecto linguístico em um dado texto, e, assim, o texto em si acaba tendo a função de ilustrar aquele aspecto, propiciando uma situação de prática em que o aluno é levado a perceber as relações entre o que ele está aprendendo nas aulas e a língua em contextos de uso não necessariamente escolares.

> **ATIVIDADES PARA APROFUNDAMENTO E REFLEXÃO**

Atividade 8
Você tem, em seu repertório, músicas, trechos de filmes ou outros textos aos quais recorre para ilustrar aspectos específicos da língua, por exemplo, tempos verbais, preposições, *phrasal verbs*, funções etc.? Quais? Em que momentos dos cursos por você ministrados eles são usados? Partilhe suas ideias com outros professores. Desse modo, você amplia seu repertório e contribui para a ampliação do repertório de seus colegas!

3.2.3 A escolha pelo assunto ou tema

Alguns programas de ensino de língua inglesa se organizam em torno do seguinte princípio: a língua deve ser vista como meio para aprender outros conteúdos e sua aprendizagem não deve constituir um fim em si mesmo. Em outras palavras, isso significa dizer que a aprendizagem da língua será significativa quando ao aluno são oferecidas situações nas quais ele aprende e reflete sobre conceitos, ideias e temas por meio da língua.

Como vimos anteriormente, esse princípio organizador está, no geral, presente em programas de ensino bilíngues, nos quais o aluno aprende conteúdos de diferentes disciplinas curriculares (Geografia, História e Ciências, entre outras) em inglês. Em outras palavras, os professores explicam, apresentam ideias, debatem e organizam a interação verbal durante as aulas em inglês, e os alunos leem, escrevem, perguntam, pesquisam sobre o assunto em estudo em língua inglesa. Entretanto, esse princípio é também importante em contextos escolares de Educação Básica. É o caso dos programas com viés interdisciplinar, nos quais são favorecidos encontros entre os conteúdos desenvolvidos em duas ou mais disciplinas do currículo, seja por meio de atividades como "estudos de meio" ou de projetos temáticos, nos quais temas como *water resources* e *tolerance* são trabalhados em diferentes componentes curriculares.

> ATIVIDADES PARA APROFUNDAMENTO E REFLEXÃO

Atividade 9
Que temas são sugeridos nos documentos oficiais que organizam a Educação Básica, em especial nos PCNs para o Ensino Fundamental e nas Orientações Curriculares Nacionais para o Ensino Médio? Você já desenvolveu algum projeto conciliando o estudo de um desses temas ao estudo da língua inglesa? Qual a sua avaliação desse trabalho?

3.2.4 A escolha pelo tipo de organização textual

Se você também é professor de língua portuguesa, vai perceber que é bastante natural o trabalho com textos que fazem parte do cotidiano dos alunos, ou seja, textos pertinentes à faixa etária e às práticas sociais de uso da linguagem adequadas a ela. Por exemplo, é comum observar que alunos por volta dos 12 anos, que começam o 7º ano (antiga 6ª série) estudam narrativas e, por isso, leem fábulas, lendas, mitos e poemas que estruturam o eixo "narrar". Em língua inglesa, esse mesmo procedimento também pode ser utilizado para a seleção dos textos de trabalho. Assim, é possível, no 6º ano (5ª série), escolher textos como fábulas ou contos e organizar atividades que façam os alunos interagir com os textos, uma vez que ler fábulas ou contos é natural nessa idade.

> **ATIVIDADES PARA APROFUNDAMENTO E REFLEXÃO**

Atividade 10
Pense quais textos podem ser trabalhados (em função da adequação à faixa etária e às práticas de leitura e escrita pertinentes a ela) tanto no Ensino Fundamental quanto no Ensino Médio. Faça uma lista rapidamente e reflita sobre os desafios enfrentados pelo professor de língua inglesa ao trabalhar com esses textos?

CAPÍTULO 3
Algumas questões de ensino

REFLEXÃO INICIAL

Neste capítulo, vamos pensar mais detalhadamente sobre estratégias de ensino e a organização de atividades a partir da escolha de textos. Para começarmos esta reflexão, pense em um texto (autêntico ou pedagógico) com o qual queira trabalhar com uma de suas turmas. Responda às perguntas listadas a seguir e, se possível, compartilhe suas respostas com outros colegas, sintetizando semelhanças e diferenças.

a) Qual a primeira atividade que você faria com a turma?
b) Essa atividade já pressupõe ou não uma primeira leitura do texto?
c) Que outras atividades, na sequência, você proporia aos alunos? Quais os objetivos de aprendizagem em cada uma delas?
d) Há alguma estratégia de ensino que você costuma utilizar e que está relacionada especificamente com alguma das atividades que você elaborou?

1. O sequenciamento das atividades

Na atividade de reflexão inicial, você com certeza pensou em vários tipos de estratégias de ensino e atividades para trabalhar com o texto escolhido. No ensino de línguas, são dois os mais difundidos modelos de referência de organização de sequências de atividades: o PPP e o ciclo da tarefa. Vejamos cada um deles e, também, um terceiro modelo de organização proposto mais recentemente e ainda não tão difundido, mas bastante promissor.

1.1 O PPP

O modelo PPP (*Presentation, Practice, Production*) é fortemente associado à ideia de plano de aula (*lesson plan*) e a uma concepção de aprendizagem como aquisição de comportamentos. Segundo esse modelo, uma aula eficiente deve ter três momentos:

- Apresentação: é o momento em que o professor utiliza um recurso (que pode ser a lousa para escrever um pequeno diálogo ou texto, uma gravação, uma ilustração, uma fotocópia, uma página do livro, entre outros) para fazer a introdução de um "novo" conteúdo para os alunos;
- Prática: é o momento em que são feitas algumas atividades para que os alunos pratiquem o conteúdo que foi introduzido. No geral, respeita-se uma sequência que vai de atividades mais controladas (como repetições ou *drills*, perguntas e respostas) para mais livres (como troca de informações, ou *information gap activities*, em padrões de interação com menor intervenção do professor, como o *pair work*). Nesse momento, um dos principais objetivos de aprendizagem é a aquisição da precisão linguística, ou seja, a capacidade que o aprendiz demonstra ter para a produção de frases corretas e contextualizadas na língua alvo;
- Produção: é o momento em que os alunos, já tendo tido oportunidades razoáveis de manipular o novo conteúdo, fazem atividades nas quais eles têm a chance de personalizar o con-

teúdo aprendido, em práticas como simulações (*roleplays*), resolução de problemas (*problem solving*) ou troca de opinião em debates. Aqui, no geral, o objetivo é o desenvolvimento da fluência na comunicação (oral e/ou escrita), ou seja, a capacidade de comunicar ideias de forma adequada em situações de uso contextualizadas, com ritmo mais natural e sem muitas hesitações.

ATIVIDADES PARA APROFUNDAMENTO E REFLEXÃO

Atividade 11
O psicólogo cognitivista norte-americano Ausubel, na década de 1960, ao discutir a diferença entre aprendizagem mecânica e aprendizagem significativa, afirmava que o fator isolado mais importante que influencia a aprendizagem é aquilo que o aluno já sabe. Mais recentemente, são abundantes, na literatura sobre o ensino de línguas, as referências à importância dos conhecimentos prévios (também denominados *prior knowledge, existing knowledge, available designs for meaning*) dos alunos para o estabelecimento da relação ensino-aprendizagem. Pensando nisso, reflita: o modelo PPP evidencia essa preocupação?

1.2 O ciclo da tarefa

A noção de tarefa no ensino de línguas tem sua origem na metodologia chamada *Task-based Language Teaching* (*TBLT*), difundida no início dos anos 90 do século passado. Nela, a noção de tarefa[11] é central na definição do desenho curricular de um programa de ensino.

---

[11] Vários autores propõem definições para o termo "tarefa". Para Nunan (1989) *"a task is a piece of classroom work which involves learners in comprehending, manipulating, producing or interacting while their attention is principally focused on meaning rather than on form"*.

Nessa perspectiva, as atividades são organizadas em três fases:

- a pré-tarefa, na qual o tema, os objetivos e a situação-problema em que se baseia a tarefa são apresentados, mas não há o ensino explícito de conteúdos linguísticos novos, tais como palavras, frases ou estruturas. Aos alunos é dado algum tempo para que, utilizando aquilo que já sabem da língua, tentem pensar em alternativas para realizar a tarefa. Por exemplo, a seguinte situação é apresentada: os alunos vão receber, em suas casas, dois turistas, e devem planejar as atividades que vão realizar durante sua estadia. Entretanto, os dois convidados têm gostos e interesses distintos e não podem gastar muito. Como subsídio, os alunos recebem um texto contendo o guia de programação cultural;
- a tarefa, que é composta de algumas etapas: inicialmente, os alunos, em duplas ou pequenos grupos, discutem para chegar a uma solução para o problema colocado na tarefa (em nosso exemplo, conversam sobre como montar a programação das atividades de entretenimento). Em seguida, planejam e apresentam aos demais as soluções a que chegaram. Por fim, o professor introduz um texto (oral ou escrito) no qual usuários proficientes da língua desempenham a mesma tarefa. Esse texto servirá como referência para que os alunos possam comparar as soluções encontradas, não só no que diz respeito ao conteúdo (em nosso exemplo, as atividades de entretenimento escolhidas), mas, também, ao léxico e às estruturas linguísticas utilizadas. Nesse momento de análise linguística (*language focus*), são desenvolvidos, de modo indutivo, estudos dirigidos sobre os aspectos formais relevantes presentes nos textos trabalhados na tarefa. Esses aspectos são, na sequência, praticados em atividades de repetição, substituição, combinação, completar frases, entre outros;
- pós-tarefa, na qual os alunos, já tendo explorado suas soluções iniciais para o problema e, também, descoberto e pra-

CAPÍTULO 3 Algumas questões de ensino

ticado aspectos linguísticos relevantes, realizam uma nova tarefa, semelhante à primeira, agora dispondo de recursos que lhes permitem desempenhá-la de modo mais proficiente.

Na tabela a seguir, esses momentos são ilustrados:

Tabela 2 *O ciclo da tarefa*

	MOMENTO	PALAVRAS-CHAVE
PRÉ-TAREFA	ALUNO (conhecimentos prévios de mundo, organização textual e língua) / TEXTO (conhecimento de mundo, organização textual e língua)	APROXIMAÇÃO Envolvimento Interesse Curiosidade Motivação Participação Interação Sintonia
TAREFA	ALUNO / TEXTO	DESCOBERTA Comparação Análise Síntese Inferência Compreensão Monitoração Formulação e verificação de hipóteses Interação
PÓS-TAREFA	ALUNO / TEXTO	TRANSFORMAÇÃO Ampliação Revisão Recriação Personalização

Ensino de Língua Inglesa

ATIVIDADES PARA APROFUNDAMENTO E REFLEXÃO

Atividade 12

No ciclo pré-tarefa/tarefa/pós-tarefa, as habilidades comunicativas (ler, escrever, falar e ouvir) podem estar presentes em qualquer um dos momentos, dentro de uma perspectiva de integração das habilidades. Leia a sequência de atividades a seguir e identifique que habilidades são mobilizadas e desenvolvidas em cada momento.

1. What was the funniest – or weirdest! – excuse you have heard or given for not doing the homework? Share your ideas with your classmates.

2. Read the statements below and circle Yes or No. Then, in pairs, compare your choices and say why.

   ✓ always do my homework when I get home after school. (Yes / No)

   ✓ prefer doing Portuguese homework to Mathematics homework. (Yes / No)
   ✓ always have a person to help me with my homework. (Yes / No)
   ✓ always ask for help when my homework is difficult. (Yes / No)

3. Break the code and find out the expressions.

		O			W		R	
do	●	⊕	✿	◆	?	⊕	▲	⌘
make		I			A	K		S
	✪	↓	◇	★	✳	⌘	◆	◇
free	T		M					
	★	↓	✿	◆				
good	P	U		L				
	☺	●ْ	☺	↓	✋			
Mathematics		E		C	H			
	★	◆	✳	○	●	◆	▲	
last	N		G					
	☹	↓	✿	●	★			

(continua)

CAPÍTULO 3   Algumas questões de ensino

4. Read the joke and, in pairs, try to finish the boy's answer.

   > Timothy was ten years old. He was not a very good pupil. And he did not like having to do homework, because he preferred to do other things in his free time. Frequently he did not do his homework, and when he did do it, he always made a lot of mistakes.
   >
   > Then one day, his Mathematics teacher looked at Timothy's homework and saw that he got all his exercises right. He was very pleased – and rather surprised. He called Timothy to his desk and said to him, "You got all your homework right this time, Timothy. Did your father help you?"
   >
   > "No. _____."

5. What do you think is the best title for the joke? Choose from the options below.

   a) The Mathematics teacher
   b) The school homework
   c) When help doesn't help

6. Read the joke again and correct the following sentences.

   a) Timothy was 9 years old.
   b) Timothy was very pleased and rather surprised with his homework.
   c) Timothy's father never helps him with his homework.
   d) Timothy always did his homework.
   e) One day Timothy got all his English homework right.

7. Read the joke once more and underline the verbs. Which is the verb tense used: simple past or simple present?

8. Find the question in the joke and rewrite it in the grid below.

Question Word	Auxiliary Verb or Verb To Be	Subject	Main Verb	Complement
xxx				

9. Unscramble the words to form questions and answer them. Then compare answers in pairs.

   Example:
   difference – here – what – the – there – and – between – is
   Q: What is the difference between here and there?

   (continua)

A: The letter T.

a) invent – did – Santos Dumont – what
b) the – is – capital – what – Uruguay – of
c) UFO – does – stand for – what
d) do – a – polyglot – can – what
e) the shortest – English – what – in – are – words

10. The last line of a joke is called the PUNCH LINE, that is, the one that will make you laugh. Do you know any other school joke? In pairs, write one joke down and rehearse how to tell it fluently. Then get together with two other pairs and take turns telling school jokes, but do not say the punch line. See if your friends can guess it.

1.3 Uma nova proposição

Há, ainda, um terceiro modelo de referência, defendido por Kern (2000), que procura dar conta de uma organização que possibilite atender às necessidades de letramento[12] de um aprendiz de língua estrangeira. Esse modelo sugere quatro componentes das situações de aprendizagem, sem, no entanto, determinar a sequência em que devem ocorrer. São eles:

- *Situated practice*: é o momento de imersão no uso da língua, no qual os alunos têm a possibilidade de mobilizar e manifestar os conhecimentos que já possuem, em situações de comunicação que privilegiam a compreensão e a interação vividas no "aqui e agora" do encontro entre aprendizes e textos;
- *Overt instruction*: é o momento em que os alunos desenvolvem a metalinguagem necessária para identificar e conversar

---

[12] Para Kern, o desenvolvimento do letramento em uma língua estrangeira deve levar em conta a dimensão linguística (domínio do código e das habilidades linguísticas), a dimensão cognitiva (domínio das ferramentas do pensar) e a dimensão sociocultural (domínio das práticas sociais nas quais os atos de escrita e de leitura estão situados).

sobre o processo de construção de significados vivenciados na *Situated practice*, em um movimento de monitoração consciente da própria aprendizagem. É por meio da instrução explícita que os alunos desenvolvem as ferramentas necessárias para falar sobre o que sabem, sobre o que aprendem, sobre como pensam e sobre o processo de construção de sentido;

- *Critical framing*: esse componente evidencia a dimensão reflexiva do desenvolvimento do letramento em uma língua estrangeira. Ocorre por meio do distanciamento da situação de aprendizagem imediata para analisar, comparar, agrupar, sintetizar, refletir, avaliar e indagar. Nele, são privilegiadas atividades nas quais os alunos estabelecem relações entre os elementos constitutivos de um texto, seus usos e intencionalidades, bem como entre o texto e o contexto social de sua produção;
- *Transformed practice*: é o momento da elaboração pessoal de novos textos (orais ou escritos) por meio de atividades de transposição de gênero, em que a mudança da organização textual exige a reconstrução e a reelaboração dos conteúdos e das formas, de modo a adequá-los a uma nova situação de comunicação.

ATIVIDADES PARA APROFUNDAMENTO E REFLEXÃO

Atividade 13
Leia a descrição da sequência de atividades a seguir e nela identifique os momentos em que cada um dos componentes (situated practice, overt instruction, critical framing, transformed practice) é evidenciado.

The teacher begins the class by showing the cover of the books (two different versions of the same story). The teacher asks students what they know about the characters, locations and events in the story and helps

(continua)

them with language they are not yet familiar with. The teacher announces their task, "We are going to read two versions of Little Red Riding Hood and identify their similarities and differences". The teacher chooses one of the books and reads it aloud interacting with the students in different ways (asking questions about the illustrations, asking them to predict what is going to happen next). After that the teacher reads the other book to/with students, following the same procedures. A moment of free discussion follows as the teacher encourages students to establish relevant but free comparisons between both stories by asking, "What are the differences between these two versions of Little Red Riding Hood?"

The next day, the lesson continues with students now organized in pairs or small groups. They get printed copies of both texts and a chart with the following categories: number of characters, locations, description of characters, description of locations, sequence of events, questions asked by the wolf, Little Red's answers, end of the story. Students are asked to write "similar" or "different" under each category and indicate the line in the text that confirms their answer. When students finish their task, the teacher invites the groups to share their answers and then collects their handouts for further correction.

In the third class, the teacher returns students' handouts and gives them feedback. Next, the teacher writes a poem on the board and reads it aloud in a kind of theatrical reading (gestures, faces, tones of voice):

Wolf
Hungry wolf
Searching, sneaking, eating
Dead wolf

The teacher reads the poem again, this time inviting students to read/perform along. The teacher says, "Let's now write similar poems about the other characters in the story". Students start giving suggestions (orally) and the teacher recasts them in English on the board. During this process, the teacher sometimes needs to remind the stu-

(continua)

dents of the pattern they should follow referring back to the poem they read. In this process, they write poems for all characters in the story. Before the class finishes, the teacher asks students to get their notebooks and copy from the board their favorite poem. Below is one of the poems written by the students and teacher:

Little Red
Pretty Little Red
Singing, dancing, talking
Silly Little Red

ATIVIDADES PARA APROFUNDAMENTO E REFLEXÃO

Atividade 14
Retome o texto da atividade 2, páginas 23-24. Reelabore sua resposta para a questão à luz do que acabou de ser apresentado neste item, acerca do letramento. Em que medida essa nova proposição nos faz pensar sobre as relações entre interação e aprendizagem?

2. Conhecimentos prévios e o papel da língua materna

A despeito da forma de organização e sequenciamento das atividades, partimos do pressuposto de que para aprender a língua é preciso que os esquemas interpretativos (consubstanciados em conhecimentos prévios) sejam acionados. É a partir daí que se estabelece o diálogo entre texto e leitor/ouvinte – ou seja, entre as representações pretendidas pelo(s) autor(res) de um texto e aquelas manifestadas pelos estudantes-leitores/ouvintes. Nesse sentido, as situações de aprendizagem devem ser pensadas de modo a promover esse diálogo.

No geral, organizamos os conhecimentos prévios em três categorias: conhecimentos prévios de mundo, de língua e de organização textual. Os conhecimentos prévios de mundo dizem respeito àquilo que sabemos sobre assuntos e temas, constituindo saberes adquiridos por meio de vivências e experiências diretas ou indiretas. Eles possibilitam que os alunos estabeleçam relações significativas com as novas ideias apresentadas pelos textos. Os conhecimentos prévios de língua estão diretamente associados aos conhecimentos sistêmicos, ou seja, às estruturas semânticas, sintáticas e fonológicas da língua estrangeira e, também, da língua materna. Por sua vez, os conhecimentos prévios de organização textual dizem respeito às estruturas textuais, suas marcas discursivas e suas características de interlocução que permitem que um determinado usuário da língua reconheça um determinado texto como tal.

2.1. Conhecimento prévio de mundo

Uma estratégia muito utilizada para ativar conhecimentos prévios de mundo é a tempestade de ideias, ou *brainstorming*, organizada pelos próprios alunos ou pelo professor na forma de um mapa de ideias, ou mapa conceitual (*mindmap*). Essa atividade provoca a manifestação de conhecimentos em feixes de relações em diferentes campos: lexical, semântico e associativo[13].

---

[13] O campo lexical é formado por palavras que derivam de um mesmo radical. Trata-se da "família" de uma palavra, por exemplo: correr, corrida, corre-corre, corredeira. O campo semântico é constituído a partir dos conceitos, dos significados que uma palavra pode ter. Por exemplo, o campo semântico de "ganhar" engloba vocábulos como *vencer* (como em ganhar um jogo), *triunfar* (ganhar uma disputa), *receber* (como em ganhar um presente) e *economizar* (como em ganhar tempo). Já o campo associativo diz respeito às relações que estabelecemos entre as palavras, dada a nossa experiência prévia, levando em conta fatores afetivos. Um campo associativo pode conter uma série de vocábulos aparentemente aleatórios do ponto de vista linguístico. Por exemplo, uma pessoa pode ter, no campo associativo da palavra "carro", itens lexicais como: desgaste, roubo, companhia de seguros, multa, trânsito, carona, poluição; outra pessoa pode ter, para a mesma palavra "carro", itens como: velocidade, independência, agilidade, conforto, passear.

CAPÍTULO 3 Algumas questões de ensino

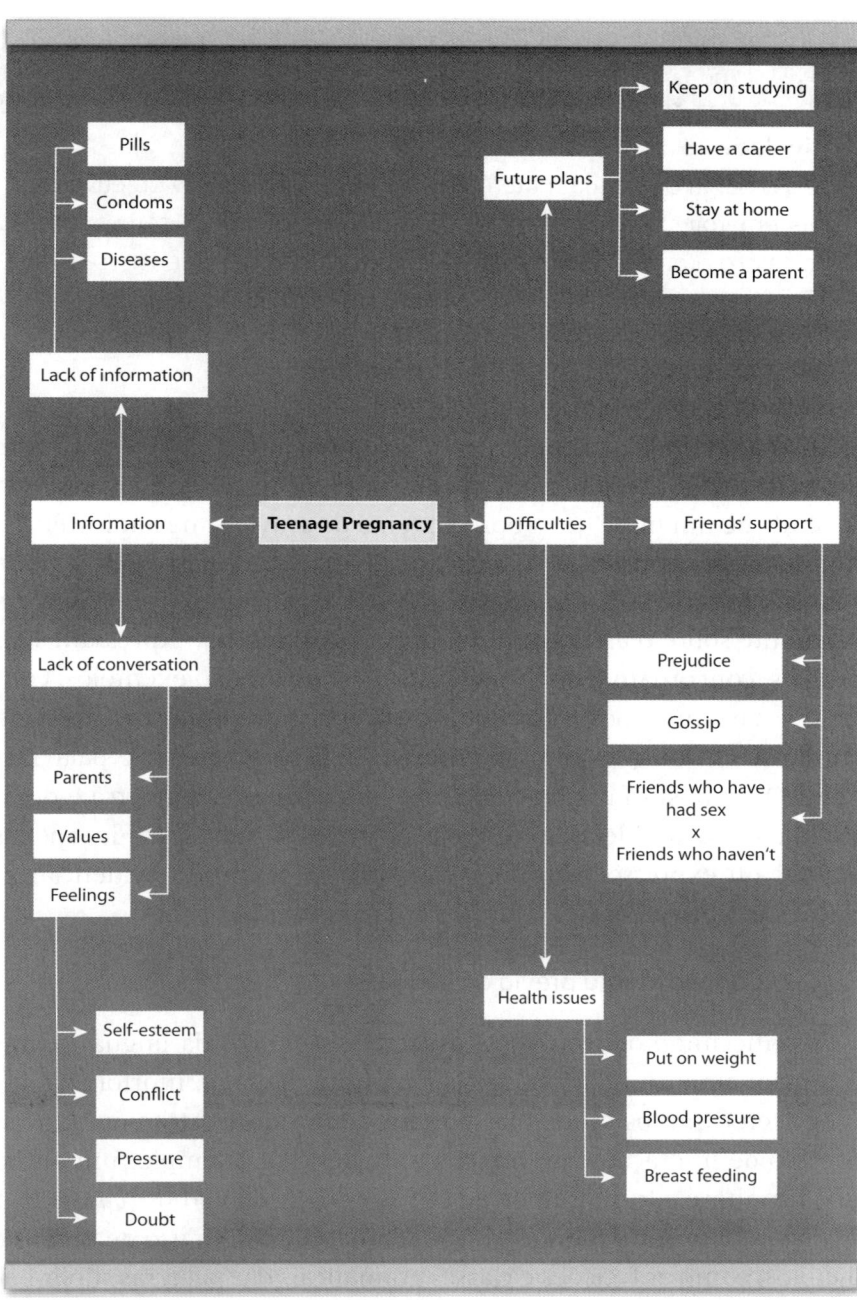

Figura 2 *Mapa conceitual* (mindmap)

> **ATIVIDADES PARA APROFUNDAMENTO E REFLEXÃO**
>
> **Atividade 15**
> Qual o papel da língua materna na atividade relatada? O objetivo de fazer emergir conhecimentos e esquemas interpretativos seria o mesmo caso o professor estabelecesse que os alunos só poderiam se manifestar em língua inglesa? E como ficariam os objetivos linguísticos se o mapa conceitual fosse todo ele organizado em língua portuguesa?

O mapa de ideias a seguir resulta de uma atividade realizada com alunos de Ensino Médio, no seguinte contexto: antes de assistir à cena escolhida de um filme que aborda o tema da gravidez na adolescência, em que a filha comunica sua gravidez à mãe, o professor escreve na lousa a expressão TEENAGE PREGNANCY e pede que os alunos falem livremente sobre o assunto. Em português, os alunos expressam suas opiniões, concordam e discordam uns dos outros, dão exemplos, contam casos e, em resposta aos questionamentos do professor, oferecem algumas contribuições diretamente em inglês por meio de palavras-chave. O professor faz as mediações para conduzir a conversa e organiza na lousa as ideias apresentadas pelos alunos, usando apenas palavras ou expressões em língua inglesa, procurando evidenciar as relações estabelecidas pelos alunos em suas manifestações.

2.2 Conhecimento prévio de língua

Conhecimentos relativos a aspectos sistêmicos da língua (regras de funcionamento relacionadas a semântica, sintaxe, morfologia, fonologia etc) que os alunos já tenham adquirido contribuem para o processo de interação com textos em inglês. Por exemplo, um aluno que já conhece a formação de adjetivos a partir de verbos (*base form + ed / ing*) poderá compreender adequadamente tanto o uso de verbos e adjetivos, como as funções e classes gramaticais das palavras sublinhadas e as relações de sentido produzidas em frases como as seguintes:

- *I was **interested** in the **fascinating** combinations of colors.*
- *Originally that film had **interested** a whole pack of world cinema goers. They were patiently **waiting** in line to see the remake.*

Estratégias de comparação entre o funcionamento sistêmico da língua materna e o da língua inglesa podem, neste tipo de conhecimento específico, contribuir para o desenvolvimento de habilidades metacognitivas importantes para a formação da competência leitora e escritora.

ATIVIDADES PARA APROFUNDAMENTO E REFLEXÃO

Atividade 16
Leia o texto a seguir. Trata-se de relato de um professor iniciante, escrito em seu diário reflexivo. Que resposta você daria a ele?

> 17 de maio
>
> Hoje aconteceu um fato surpreendente. Durante uma atividade de produção oral, um aluno explicou ao seu colega como o laser foi descoberto. Não entendi como esse assunto surgiu durante a conversa que eles estavam tendo, mas ao chegar mais perto da dupla para ouvi-los e avaliar a performance dos alunos, ouvi M. dizer, hesitando durante a construção da frase: "Laser rays, yes, laser was... invented... created... in 1945 in laboratory." O que me chamou a atenção é que, neste grupo, eu nunca havia ensinado a voz passiva (aliás, esse conteúdo gramatical será dado somente no nível 4 e esse grupo está no nível 2). Curioso, não? Fiquei um tempo revendo a seguinte pergunta: como ele fez para chegar nesse uso (apropriado e correto) sem nenhuma instrução explícita?

2.3 Conhecimento prévio de organização textual

Todo texto se organiza de acordo com rotinas de interação relativamente estáveis. Uma conversa ao telefone, que começa quase sempre com o "Alô!", desenvolve-se de maneira diferente de uma palestra. Do mesmo modo, uma receita de bolo traz uma lista de ingredientes seguida de indicações sobre o modo de preparo, diferentemente de uma receita médica. Essa organização norteia os interlocutores no momento da interação, e todo usuário competente de uma língua estrangeira utiliza esse conhecimento para interagir com o texto oral ou escrito de forma eficiente. Ao aprender uma língua estrangeira, as características dos diferentes textos aos quais o aluno tem acesso na língua materna – e também aqueles aos quais já teve acesso na própria língua estrangeira – servem como ponto de partida para a tarefa de construir sentido por meio da interação a cada novo encontro com textos em inglês.

ATIVIDADES PARA APROFUNDAMENTO E REFLEXÃO

Atividade 17
Pense em cartas formais escritas em inglês e em português. Que características de organização textual são semelhantes em ambas as línguas? Que características são diferentes? Como esse conhecimento pode auxiliar os alunos a desenvolver sua competência desse gênero textual?

3. Recepção de textos: estratégias de leitura e compreensão oral

Ensinar a ler e compreender um texto escrito ou oral significa trabalhar a construção de significados no momento em que texto e leitor/ouvinte se encontram. No cotidiano de atuação do professor, esse encontro promove situações de aprendizagem que são organizadas

CAPÍTULO 3 Algumas questões de ensino

em sequências de atividades (ou sequências didáticas, termo geralmente mais associado ao trabalho com a competência leitora).

Para que os alunos desenvolvam a competência de leitura e de compreensão oral de textos, é importante investigar os comportamentos de leitores e ouvintes ao interagir com diferentes textos em língua materna.

Ao pensarmos em um leitor competente imaginamos que ele desenvolveu uma série de estratégias e conhecimentos que lhe conferem essa qualificação. Um leitor competente não apenas domina o código linguístico, mas, sim, demonstra comportamentos apropriados para os objetivos de leitura que tem. Por exemplo, você mesmo já deve ter vivido a experiência de, em um consultório médico, precisar esperar um pouco pela consulta e resolver então folhear uma revista para "passar o tempo". Ora, nessa situação, seu comportamento leitor revela a seleção de estratégias adequadas para cumprir tal objetivo: você com certeza passa o olho pela revista, observa mais ilustrações e títulos em destaque nas reportagens, busca rapidamente alguma informação específica sobre algum assunto que lhe chame a atenção etc.

Em uma outra situação, por exemplo a de estudo de um texto para um concurso, um leitor certamente não teria o mesmo comportamento. Suas estratégias seriam diferentes: é preciso fazer uma leitura detalhada do texto, grifando trechos importantes e eventualmente anotando reflexões ou dúvidas na margem do texto. É preciso, ainda, pesquisar termos e conceitos que lhe são desconhecidos em um dicionário ou em livros. Assim, outras estratégias são mobilizadas dentro do repertório de que esse leitor dispõe, diferentes daquelas utilizadas pelo paciente no consultório em nosso exemplo anterior.

Em sala de aula, as competências de leitura e de compreensão oral devem ser trabalhadas na forma de estratégias. Tais estratégias podem ser inseridas no ciclo da tarefa, em atividades de pré-leitura, leitura e pós-leitura e de pré-compreensão oral, compreensão oral e pós-compreensão oral.

> **ATIVIDADES PARA APROFUNDAMENTO E REFLEXÃO**
>
> **Atividade 18**
> Escolha uma atividade de leitura e/ou compreensão oral presente em algum livro didático que você utilize ou uma atividade que você mesmo tenha elaborado. Analise as atividades propostas e reflita: de que forma elas favorecem a aprendizagem de estratégias de leitura e de compreensão oral? Elas são apresentadas de maneira explícita aos alunos?

Na fase de pré-tarefa (*pre-task*), uma boa estratégia a ser trabalhada é a antecipação (*predicting/antecipating*). Por meio dessa estratégia, conhecimentos prévios são mobilizados, gerando expectativas sobre o tema, sobre a tipologia textual, sobre a língua e sobre o suporte textual, e possibilitando o estudo de marcas gráficas do texto, a análise de textos correlatos e a comparação entre essas marcas em textos escritos em língua materna.

Na fase de tarefa (*task*) são três as estratégias mais utilizadas: aquela que exige rapidez no fluxo da interação com o texto para apreender seu assunto geral (*skimming/listening for gist*), aquela que exige rapidez no fluxo para a localização de informações específicas (*scanning/listening for specific information*) e aquela que exige estudo detalhado do texto e que pode, também, demandar várias leituras e/ou escutas do texto (*detailed reading/detailed listening*).

Na fase de pós-tarefa (*post-task*), as atividades evidenciam a importância do desenvolvimento de habilidades de pensamento crítico em função da interação texto-leitor/ouvinte para além das habilidades de compreensão do texto. Aqui, é fundamental a estratégia de elaboração pessoal (*personal elaboration*). Ela pode se apresentar em diversas atividades, como por exemplo aquelas que levam o aluno a: (a) elaborar interpretações baseadas em informações nem sempre explícitas no texto; (b) posicionar-se criticamente em relação ao tema e rever suas opiniões; (c) tratar a informação do texto de forma adequada para transpô-la para outros tipos de texto (transposição de gêneros). Nessa etapa, portanto, fica mais evidente a possibilidade de estabelecer relações entre o processo de leitura e a formação crítica dos alunos.

Por fim, vale dizer que, apesar de termos situado o trabalho com diferentes estratégias em momentos específicos do ciclo da tarefa, não há nenhuma regra fixa a esse respeito. Ou seja, não há um momento "certo", na condução de uma situação de aprendizagem, para o trabalho com uma determinada estratégia. Essa observação é importante para que não transformemos esse tipo de estudo, na transposição didática, em um roteiro preestabelecido e mecanizado que padronize os comportamentos de leitores/ouvintes proficientes.

ATIVIDADES PARA APROFUNDAMENTO E REFLEXÃO

Atividade 19
Leia os seguintes enunciados de atividades e responda: que estratégias cada uma delas pretende mobilizar?

a) *Read the text again and answer: True or False?*
b) *What kind of text is it, do you think?*
c) *Match the topics with the appropriate words.*
d) *What's the author's opinion about the topic?*
e) *Use your dictionary to look up the meaning of the following words.*
f) *What's your opinion? Find arguments for it.*
g) *Based on the radio interview, write an e-mail to the author expressing your opinion about the topic.*
h) *Match the pictures with paragraphs in the text.*
i) *Answer the questions.*
j) *Circle the words you hear.*
k) *In pairs, write a list of words you expect to find in the text.*
l) *Listen to the news article and check your predictions.*

3.1 A propósito da leitura intensiva e extensiva

Como vimos nos exemplos de aulas e atividades anteriores, oralidade e escrita estão sempre presentes nas atividades de ensino e aprendizagem, mesmo quando o fio condutor das aulas é um texto em linguagem verbal escrita. Para explorar um pouco mais esse assunto, vamos voltar nossa atenção à habilidade de leitura, especificamente, pontuando as noções de leitura intensiva (*intensive reading*) e leitura extensiva (*extensive reading*).

A leitura intensiva é, no geral, trabalhada em sala de aula, com a orientação e mediação do professor. Seu objetivo principal é promover a aprendizagem da leitura como uma habilidade, e outras aprendizagens, como as relativas a vocabulário ou gramática, tornam-se objetivos complementares. O tratamento dado ao texto, no geral um texto autêntico, de tamanho reduzido, compreende a análise de sua macroestrutura (organização textual) e de sua microestrutura (elementos constitutivos), bem como de seu contexto de produção, em um movimento de construção partilhada da interpretação. Isso ocorre por meio de atividades que envolvem diferentes estratégias de leitura, perguntas de compreensão, estudo de vocabulário, entre outras.

Já na leitura extensiva, o objetivo principal é fomentar o interesse e o desenvolvimento de maior fluência e rapidez de leitura. Para esse trabalho, no geral são utilizados textos mais longos ou livros paradidáticos (*graded readers*) que podem ser escolhidos pelo professor ou pelos próprios alunos, em um tipo de "biblioteca circulante". Nesse tipo de leitura, feita individualmente e, no geral, fora da sala de aula, a compreensão geral e o prazer de ler são as molas propulsoras.

Para esse tipo de trabalho, os *readers* encontram dupla razão de ser. Justamente por serem facilitados, eles:

a) permitem uma leitura mais solta e fluente, uma vez que o grau de imprevisibilidade do texto e o número de palavras ou construções frasais desconhecidas serão reduzidos;

b) conferem um senso de realização, uma vez que pouca ou nenhuma mediação externa (seja do professor, seja do uso do dicionário) será necessária e o estudante terá maiores chances de se sentir confortável e capaz de realizar a leitura de maneira autônoma.

O acompanhamento desse tipo de leitura pode ser feito por meio de rodas de conversa, discussões, diários de leitura (*reading logs* ou *reading journals*), dramatizações, entre outros.

Anderson (1999: 4), usando um acróstico com a palavra ACTIVE para reiterar a ideia de que a leitura é, sim, ativa, sugere algumas estratégias para o ensino dessa habilidade:

- *Activate prior knowledge*
- *Cultivate vocabulary*
- *Teach for comprehension*
- *Increase reading rate*
- *Verify reading strategies*
- *Evaluate progress*

Além dessas estratégias, o mesmo autor sugere duas outras, fora do acróstico:

- *Build motivation*
- *Select appropriate reading materials*

Em seu livro, Anderson explicita cada uma dessas estratégias, fornecendo sólida argumentação teórica, e sugere atividades que podem ser desenvolvidas com alunos de diferentes níveis de proficiência em inglês. Vale a pena conferir!

> **ATIVIDADES PARA APROFUNDAMENTO E REFLEXÃO**

Atividade 20
Em suas aulas, como você equilibra o trabalho com leitura intensiva e leitura extensiva? Quais são os principais desafios que você enfrenta em seu dia a dia? Das oito estratégias sugeridas por Anderson, qual você considera a mais importante? E qual seria a mais difícil de implementar?

4. Produção de textos: estratégias de produção oral e escrita

4.1 Sobre o contexto de produção

Para a produção de textos orais ou escritos, o conhecimento das características do contexto de produção e do modo como os participantes do processo interagem e ajustam o discurso são fundamentais. Na produção de textos orais, por exemplo, é preciso identificar os interlocutores, o canal ou suporte da comunicação (conversa ao telefone, bate-papo na sala de aula, uma videoconferência), o nível de formalidade, o objetivo do texto a ser construído, o nível de interação ou negociação de sentidos que esse texto pode provocar, as estratégias de comunicação que podem ajudar nesse processo de negociação etc. Coordenando esses elementos, é possível, então, criar o texto que melhor cumpra sua função. Por exemplo, uma conversa ao telefone pode exigir que falante e ouvinte mobilizem determinadas estratégias, como a reparação da comunicação, que não são tão evidentes em outros tipos de textos orais.

4.2 Oralidade e estratégias de comunicação

A respeito da habilidade de fala, Widdowson (1992) propõe a distinção entre *speaking*, *saying* e *talking*. Para a habilidade de compreensão oral, distingue entre *hearing* e *listening*. Um aluno pode sa-

CAPÍTULO 3 Algumas questões de ensino

ber falar (*speak*) uma frase em inglês com pronúncia e entoação compreensíveis sem, no entanto, ter a noção de como usá-la em um contexto de comunicação. Ou pode ser capaz de dizer (*say*) seu nome, utilizando para isso a frase "*My name is Lucas*" em resposta à pergunta "*What's your name?*" e parar por aí, ou seja, não conseguir dar continuidade à interação ou responder a um comentário feito por seu interlocutor. Pode, ainda, ser capaz de ouvir (*hear*) uma música e reproduzir trechos sem saber ao certo o que significam. Nesses exemplos, manifesta-se a capacidade linguística desses usuários, mas não necessariamente sua habilidade de comunicação. Por outro lado, se esse mesmo aluno não apenas responde dizendo seu nome, mas ouve (*listen*) e interpreta a reação de seu interlocutor que diz, por exemplo, "*Are you new here?*", ele se engaja em uma conversa (*talk*), dando continuidade à interação. Esses rápidos exemplos demonstram que a relação entre habilidades que possibilitam a comunicação oral é mais complexa do que a simples capacidade de produzir e decodificar frases isoladas.

Diante dessa constatação, que habilidades ensinamos aos alunos ao propormos um trabalho com produção de textos orais? E quais estratégias de comunicação devem ser trabalhadas?

Tsang e Wong (apud Richards e Renandya, 2002), em um estudo sobre a aprendizagem da conversação em língua inglesa, destacam a importância de mobilizar conhecimentos prévios dos alunos acerca do vocabulário pertinente ao assunto da conversa, além de enfatizar a instrução explícita de *conversation starters* como forma de tornar a interação natural. Estratégias de comunicação e aspectos relacionados a gestos e prosódia tão importantes na comunicação face a face também merecem instrução explícita. Outras estratégias de aprendizagem como, por exemplo, a de ensaio e monitoração, auxiliam os alunos a lidar com fatores afetivos que podem interferir negativamente na produção oral e colaboram para o desenvolvimento da precisão e da fluência na comunicação.

> **ATIVIDADES PARA APROFUNDAMENTO E REFLEXÃO**

Atividade 21
Pense em um texto oral que você gostaria que os alunos produzissem em sala de aula (uma conversa ao telefone, uma entrevista de rádio, um show de piadas, uma apresentação oral de um trabalho de pesquisa, um esquete de teatro etc.). Com base no que foi discutido até agora, como você organizaria uma sequência de atividades que possibilitasse essa produção?

4.3 Sobre a produção de textos escritos

Em geral, a produção de textos é uma das atividades mais temidas pelos alunos, e uma das mais complexas. Vivan (2003: 67), em um estudo de caso realizado sobre a produção escrita de alunos do Ensino Fundamental, destaca que a escrita pressupõe o movimento do "próprio pensar", desdobrado em um processo de construção que exige esforço mental consciente e que, portanto, necessita de prática constante para que se automatize. Daí podemos entender comentários de alguns alunos que assim desabafam: "*Teacher*, não sei escrever, não, nem em português, quanto mais em inglês!" ou "Hoje estou sem ideia para escrever". É importante destacar que especialmente no processo de produção textual escrita as estratégias e habilidades podem ser transferidas de uma língua para outra; em outras palavras, pensar a produção escrita como um processo organizado em etapas facilita o desafio de ensinar e aprender a escrever tanto em língua materna como em língua inglesa.

Seow (2002) nos informa que escritores competentes revelam seguir um processo de produção: planejam o que vão escrever, levando em conta a interação e o(s) leitor(es)-alvo; produzem um texto do tipo rascunho que sofre alterações e correções; revisam o texto e, então, produzem uma versão final. Essas etapas não são necessariamente realizadas nessa ordem (por exemplo, ao revisar um texto, o escritor pode replanejar a escrita), e nem todas se manifestam em todos os atos de escrita. Em nossa perspectiva de ensino, o importante é perceber que organizar a produção escrita levando em conta essas diferentes etapas é fundamental para contribuir para o desenvolvimento da competência de escrita.

Na sala de aula, esse processo nem sempre é levado em consideração, daí os alunos não perceberem o "sentido" daquela produção. Escrever para o professor, escrever para ser avaliado, escrever para quê e para quem são perguntas que habitam as experiências de escrita de nossos alunos e sobre as quais devemos nos debruçar.

> **ATIVIDADES PARA APROFUNDAMENTO E REFLEXÃO**

Atividade 22
Faça uma lista de atividades de escrita que fazem parte de sua rotina de ensino. Que tipos de textos seus alunos escrevem (listas, bilhetes, anotações)? Eles costumam se manifestar sobre essas atividades? Se sim, o que dizem?

4.3.1 Sobre a escrita processual

De forma sucinta, o processo de produção de textos envolve as etapas mencionadas no item anterior: planejamento, produção de rascunho, edição e revisão e produção do texto final.

Em situações de aprendizagem, vale lembrar que a produção escrita, no geral, envolve um momento prévio de preparação no qual a temática a ser desenvolvida no texto é trabalhada por meio de atividades que envolvem leitura, compreensão, estudo de vocabulário, debates etc. Além disso, se os alunos vão produzir um depoimento, por exemplo, é preciso compreender como esse tipo de texto se organiza, não para "seguir um modelo", mas sim para conhecer quais e como são suas características macro e microestruturais. Todo esse movimento de aproximação com o tema e com o gênero oferece subsídios para a etapa de planejamento. Assim, mesmo aquele aluno que diz não saber escrever ou não ter ideias terá mais recursos para organizar a primeira versão de seu texto.

De posse desse rascunho, pode-se compor pares de escritor-leitor para uma primeira etapa de edição (*peer editing*), e o professor pode contribuir comentando o conteúdo e apontando problemas presentes nos textos. Aqui, o uso de uma tabela com símbolos e/ou abreviações que identificam o tipo de inadequação ou erro contribui para desenvolver, nos alunos, a capacidade de avaliação, na medida em que traz ao plano consciente os conhecimentos linguísticos que os alunos possuem. Por exemplo, em um relato de viagem, no trecho: "... *and they see* (VT) *very* (WW) *different places*", o editor (seja ele o professor ou um colega) usa as abreviações VT (*verb tense*) para indicar um problema com o tempo verbal empregado e WW (*wrong word*) para indicar que a escolha lexical feita não é adequada.

Feitas a edição e a revisão, é preciso planejar o formato do texto (o seu *layout*), de acordo com as convenções do gênero e sua adequação ao suporte que vai possibilitar a sua circulação (um depoimento em um jornal tem uma organização diferente de um depoimento em um *blog*, por exemplo).

Como todo texto é escrito para ser lido, deve haver um momento em que os textos circulem, de modo a romper com os tradicionais padrões em que o aluno escreve apenas para o professor ler, corrigir e dar nota.

ATIVIDADES PARA APROFUNDAMENTO E REFLEXÃO

Atividade 23
Vimos que trabalhar com a escrita em uma perspectiva processual envolve uma série de etapas que precisam ser organizadas e planejadas pelo professor. Reflita, agora, sobre a seguinte questão: Quais os desafios que a implementação da escrita processual pode apresentar em seu contexto de ensino? Que procedimentos você pode adotar para enfrentá-los?

4.4 Uma palavra sobre o uso do dicionário bilíngue

Saber usar um dicionário é uma habilidade importante no processo de aprendizagem de qualquer língua estrangeira. Você com certeza já pediu a seus alunos, em atividades de leitura ou escrita, que usassem um dicionário para pesquisar o sentido de uma palavra ou expressão. E provavelmente precisou ensiná-los a usar esse recurso.

Vamos refletir um pouco sobre esse trabalho. Um dicionário bilíngue, por exemplo, é organizado em duas partes: inglês-português, português-inglês. Por sua vez, cada parte do dicionário é constituída, em sua maioria, por verbetes que trazem várias informações: a transcrição fonética (no geral, apenas na parte inglês-português), a classe gramatical, a tradução ou versão, contextos de uso específicos, locuções e expressões contendo a palavra, exemplos de uso em frases e/ou excertos, entre outras. Os verbetes, contudo, podem ter apresentações diferentes, de dicionário para dicionário. Assim, para um aluno de língua inglesa, conhecer como se organiza o dicionário e aprender a usá-lo são atividades que requerem instrução específica.

Nos últimos anos, lexicógrafos têm se preocupado com a produção de dicionários bilíngues que atendam melhor às necessidades de aprendizes de uma língua estrangeira. Nesse sentido, hoje temos os "dicionários para estudantes", nos quais são incluídas informações sobre aspectos da língua que podem ser mais complexos para alunos iniciantes, por exemplo, ou informações mais detalhadas sobre os contextos de uso das palavras bem como regras gramaticais e informações culturais. Alguns dicionários impressos são acompanhados de CD-ROM com atividades e exercícios e até hipertextos cuja leitura possibilita a navegação entre o texto e os verbetes por meio de *links*. Em resumo, o gênero "dicionário", tanto na versão bilíngue quanto na monolíngue, produzido especificamente para aprendizes da língua inglesa, tem se atualizado em função das demandas desses usuários. Isso possibilita, aos professores, a proposição de situações de aprendizagem para que os alunos desenvolvam as ferramentas necessárias para utilizar o dicionário bilíngue com todos os seus recursos.

ATIVIDADES PARA APROFUNDAMENTO E REFLEXÃO

Atividade 24
Analise pelo menos dois dicionários bilíngues aos quais você tem acesso, em casa ou na escola. Verifique que tipo de informação os verbetes apresentam, tanto na parte inglês-português como na parte português-inglês. Quais as semelhanças e as diferenças? Algum deles apresenta informações de um modo mais acessível para alunos? O que justifica essa sua constatação?

5. Sobre projetos de trabalho

Retomando a proposta de organização de atividades seguindo as noções de centralidade do texto e de tarefas organizadas em ciclos, imediatamente nos ocorre a realização de projetos de trabalho como uma prática pedagógica que pode combinar essas abordagens e contemplar, ainda, grupos cooperativos. Ao propormos a realização de um projeto temos a possibilidade de abordar conteúdos interdisciplinares e/ou temas transversais, e damos aos alunos a oportunidade de desenvolver o trabalho em etapas, em grupos estruturados dentro de princípios cooperativos[14].

Stoller (2002) sintetiza as principais características de um projeto de trabalho, listadas a seguir:

- elaboração de conhecimento sobre um determinado tópico ou tema, não somente sobre aspectos estruturais da língua estrangeira. Temas relevantes e cotidianos ou de interesse para os alunos são centrais na elaboração de projetos;
- participação mais ativa e autônoma do aluno no processo de aprendizagem. O professor atua como orientador, em outras palavras, aquele que dá o suporte e apoia o aluno durante as etapas planejadas para o desenvolvimento do projeto;
- interação mais cooperativa entre membros dos grupos de trabalho;
- confecção de uma produção final a ser socializada, que é a síntese do trabalho de pesquisa dos grupos: por exemplo, uma apresentação oral ou pôster, uma exibição de cartazes no mural da escola ou sala, um relatório, a organização de um livro, um álbum, uma maquete, uma peça de teatro, um show musical, um *folder* etc.;
- desenvolvimento de habilidades de pesquisa e resolução de problemas.

O mesmo autor, em um trabalho conjunto com Sheppard (1995), propõe a organização de projetos segundo dez etapas:

1) decidir o tema do projeto;
2) definir a produção final esperada;

---

[14] São cinco os princípios que estruturam atividades cooperativas: interdependência positiva, responsabilidade individual pelos resultados do grupo, aprendizagem de habilidades sociais, interação positiva face a face e criação de um "espírito de equipe", em que alunos com níveis de proficiência diferentes aprendem uns com os outros.

3) estruturar o sequenciamento das atividades no projeto;
4) preparar os alunos para os desafios de linguagem da etapa 5;
5) coletar informações;
6) preparar os alunos para os desafios de linguagem da etapa 7;
7) compilar e analisar informações;
8) preparar os alunos para os desafios de linguagem da etapa 9;
9) apresentar a produção final;
10) avaliar o projeto.

ATIVIDADES PARA APROFUNDAMENTO E REFLEXÃO

Atividade 25
Pense em um conteúdo interdisciplinar ou tema transversal com o qual já tenha desenvolvido um projeto de trabalho. De que forma seu planejamento reflete as informações apresentadas nesse item?

CAPÍTULO 4
Avaliação

REFLEXÃO INICIAL

Leia as afirmações a seguir e responda: **C** (concordo); **CP** (concordo parcialmente); **NC** (não concordo).

a) "Avaliação" é um sinônimo de "prova".
b) Para assegurar a aprendizagem, as provas devem ser cumulativas, ou seja, devem conter todo o conteúdo visto até o momento em que são realizadas.
c) É injusto utilizar a avaliação para classificar e escalonar os alunos.
d) A avaliação serve para identificar problemas com a aprendizagem.
e) Toda avaliação deve ser apresentada como uma "crítica positiva e construtiva".
f) Em uma prova, a pontuação das questões deve ser proporcional ao seu grau de dificuldade.
g) A avaliação continuada requer a aplicação diária de instrumentos avaliativos.
h) Toda avaliação é traumática!

i) Através da avaliação o professor estabelece sua autoridade.
j) Avaliar produções em grupo é sempre muito subjetivo. Por isso é preferível basear a avaliação em tarefas individuais.
k) Avaliar qualitativa e quantitativamente, ao mesmo tempo, é inviável.

1. Avaliação: *assessment* e *evaluation*

Em inglês, usamos duas palavras para falar de avaliação: *assessment* e *evaluation*. *Assessment* diz respeito à coleta de dados (antes, durante ou ao final de um determinado período) que serão interpretados para que se possa fazer a avaliação (*evaluation*) de um dado fenômeno: o desempenho dos estudantes, a atuação de um professor, a eficiência de um programa ou currículo, a situação de um sistema de ensino, entre outros.

A avaliação é um componente central da atividade pedagógica. Ela nos permite contextualizar o ensino e ajustá-lo de modo a que se possa atingir seu objetivo principal: a promoção de aprendizagem. Essa concepção só é possível quando compreendemos a avaliação em um sentido amplo, e não a tomamos como sinônimo de provas e notas ou conceitos.

Vejamos, a seguir, algumas das funções da avaliação.

1) Organização dos fluxos. A avaliação é o principal dispositivo no qual nos apoiamos para organizar os fluxos de entrada e saída, seja de um segmento da educação para outro, seja de uma série ou ano para outra(o);

2) Manutenção e melhoria da qualidade do ensino. É por meio da avaliação que são obtidas informações sobre a eficiência de um dado sistema de ensino, tanto no que se refere às atividades desenvolvidas pelas unidades escolares que compõem esse sistema quanto dos componentes curriculares e de seus

principais agentes envolvidos na promoção de aprendizagem, os professores;
3) Comunicação com a comunidade e com as famílias. É a avaliação que fornece as principais informações a serem comunicadas aos pais e responsáveis pelos estudantes que formam o corpo discente de uma unidade escolar. Não há como negar que a avaliação constitui o tema principal de boa parte das conversas entre a equipe escolar e as famílias;
4) Gestão da aula. A avaliação é um componente central na organização das atividades cotidianamente desenvolvidas em sala de aula, uma vez que ela tem significativa influência na aprendizagem, na organização dos comportamentos e na motivação dos estudantes.

Dadas essas funções, não é à toa que a avaliação é muitas vezes descrita como o componente central, a pedra angular, da educação escolar. Entretanto, mesmo que sejam utilizados quantificadores numéricos para expressar um resultado obtido, o processo de avaliação não pode ser interpretado a despeito de seu caráter subjetivo e de valoração. Além disso, por estar atrelada ao desenvolvimento de uma ação planejada, a avaliação acaba sempre impregnada das circunstâncias que marcam o desenvolvimento de um determinado percurso. Nesse sentido, não é possível pensar numa avaliação puramente objetiva, estabelecida *a priori*, e coloca-se a necessidade de enfrentar a complexidade e as inúmeras decorrências de uma prática avaliativa que se estabelece em um processo repleto de valores. Disso resulta uma avaliação pautada em práticas que permitam ora promover uma observação contínua, ora pontual, ora em grupos, ora individualmente, evitando-se, assim, uma avaliação unidirecional, que tende a priorizar os pontos de partida e de chegada e não a construção do percurso e seus significados. Trata-se, portanto, de mudar de um paradigma que supervaloriza o potencial externo de mensurabilidade da avaliação para outro, em que aqueles que vivem as práticas avaliativas – como avaliador ou como avaliado – se tornam a medida das ações.

2. Avaliação diagnóstica

Como já foi discutido anteriormente, é de fundamental importância que as situações de aprendizagem sejam organizadas levando em conta os conhecimentos prévios dos estudantes, já que partimos do pressuposto de que aprender implica um processo constante de ressignificação do conhecimento. Temos aí uma primeira modalidade de avaliação que se torna relevante e que propicia a organização de todo um programa de ensino. Às vezes chamada de sondagem, ela se constitui de uma série de conversas, tarefas, atividades e, às vezes, até mesmo de provas feitas logo no início de um período letivo para conhecer melhor as necessidades de aprendizagem dos estudantes. Essa caracterização inicial nos fornece informações importantes para que sejam feitos ajustes no programa de ensino e para que seja possível criar dispositivos de diferenciação que permitam estabelecer uma relação mais bem fundamentada entre os conteúdos a serem trabalhados e os resultados de aprendizagem esperados para um determinado período letivo.

Não se pode esquecer, entretanto, que esse tipo de avaliação não visa a condicionar os resultados ou caracterizar situações de sucesso ou fracasso escolar já no início do ano letivo, rotulando os alunos antes mesmo de bem conhecê-los. Trata-se, isso sim, de um mapeamento inicial, que deverá ser retomado e reconfigurado em um processo contínuo de diálogo pautado na possibilidade de mudança e de ajuste, constantemente alimentado pelo principal instrumento de coleta de dados de que dispomos: a observação.

Como toda avaliação, a avaliação diagnóstica não é um procedimento puramente objetivo, desprovido de apreciações subjetivas em relação às capacidades e características dos alunos. Daí a importância de o professor manter-se aberto e atento para não cair em generalizações e em julgamentos precipitados.

3. Avaliação somativa e avaliação formativa: o dia a dia

Duas são as principais modalidades de avaliação presentes no dia a dia da escola: a avaliação somativa e a avaliação formativa.

A avaliação somativa é aquela que nos permite caracterizar o resultado parcial do processo de aprendizagem em um determinado momento, geralmente associada a instrumentos formais e quantitativos, tais como testes e provas, e ao somatório de resultados observados em um determinado período.

A avaliação processual diz respeito a um conjunto contínuo de procedimentos de *feedback* que alimentam tanto a aprendizagem quanto o ensino. Para Pierce e O'Malley (1992), a avaliação formativa lança mão de diversos métodos para descobrir o que o aluno sabe fazer, com o objetivo de revelar o crescimento e informar o ensino, não se restringindo a uma prova padronizada ou tradicional.

Brown e Hudson (1998) propõem uma taxonomia que identifica três tipos de respostas presentes nos procedimentos e instrumentos de avaliação utilizados com significativa frequência por professores:

- Resposta pré-selecionada (*selected response*): em atividades de escolha entre afirmações verdadeiras ou falsas, associação de colunas, testes de múltipla escolha; trata-se de atividades em que uma ou mais opções de resposta são dadas e o estudante deve, por meio de compreensão e análise, escolher a adequada ou correta;
- Resposta construída (*constructed response*): em atividades de preenchimento de lacunas, pergunta e resposta, produção escrita dirigida, apresentações com base em roteiros; são atividades que propiciam ao aluno manifestar seu conhecimento, já que mesmo que haja apenas uma resposta aceitável ou correta, pode haver mais de um modo de expressá-la;
- Resposta pessoal (*personal response*): em atividades como elaboração de portfólio, autoavaliação, avaliação entre pares;

trata-se de atividades em que o foco não está tanto na caracterização do que o aluno sabe, mas sim no desenvolvimento da capacidade de monitoração consciente do aluno em relação a sua própria aprendizagem.

Uma avaliação consistente, em diálogo com a aprendizagem e o ensino, deve ser um processo contínuo. Mais do que caracterizar o resultado parcial da aprendizagem em notas ou conceitos, ela deve constituir uma plataforma para alavancar novas aprendizagens. Nesse sentido, aprender e avaliar são atividades que nunca se encerram, mas que são marcadas por momentos nos quais são feitos fechamentos de etapas, até por força da organização escolar em bimestres, trimestres, séries ou ciclos. É justamente por esse motivo que uma variedade de instrumentos de avaliação deve ser utilizada para que se possa alcançar maior precisão na avaliação. Quando baseamos toda uma avaliação acerca do desempenho de um aluno apenas nas informações obtidas por meio de um único instrumento, por mais bem elaborado que ele seja, podemos fazer avaliações imprecisas e distorcidas, que não necessariamente descrevem o progresso ou desenvolvimento dos alunos. Isso é bastante comum, por exemplo, quando se utiliza apenas uma prova como medida das aprendizagens. Há alunos que podem ficar nervosos, ou ter os famosos "brancos", ou, ainda, ter problemas de saúde justamente nos dias que antecedem a prova ou na data em que ela se realiza. O uso de um único instrumento pode resultar em um processo de eliminação dos alunos, quando, na verdade, a avaliação deve contribuir para a caracterização dos estudantes com o propósito de impulsionar novas aprendizagens.

Olsen (1996) propõe um modelo de avaliação que leva em conta o estágio de desenvolvimento de proficiência na língua. É o procedimento conhecido como os 3 Rs: Reconhecimento, Reprodução e Reorganização (*Recognition, Replication, Reorganization*). O Reconhecimento enfatiza a compreensão, mesmo que manifestada por meio de um movimento ou pelo uso de apenas uma ou duas palavras na língua-alvo. A Reprodução corresponde ao estágio em que o aluno ainda não consegue expressar-se livremente, mas pode se engajar em situações de comunicação lançando mão de frases prontas, tais como funções comunicativas previamente memorizadas e *chunks*, ou pedaços significativos de frases que fazem parte do repertório do aprendiz. O terceiro R, Reorganização, reflete o estágio em que o aprendiz, já mais proficiente, mobiliza os conhecimentos de que dispõe e os articula de modo criativo para se expressar.

Esse procedimento é interessante quando levamos em conta que, na maioria dos programas de ensino, faz-se necessário não só avaliar o processo, mas também caracterizar os resultados de aprendizagem mesmo quando os alunos são ainda iniciantes e vivenciaram apenas algumas poucas situações de aprendizagem da língua estrangeira. Essa visão mais flexível em relação ao que esperar de alunos em diferentes estágios de desenvolvimento de proficiência nos ajuda a superar o tradicional modelo que dá destaque à demonstração de conhecimentos pela reprodução como a única alternativa de acessar e caracterizar os resultados da aprendizagem.

3.1 Instrumentos de avaliação

3.1.1 A prova

Quando elaboramos uma prova, seja ela um rápido teste com questões de múltipla escolha para verificar aprendizagens de conteúdos específicos, tais como vocabulário, funções comunicativas e gramática, ou um teste mais longo, que contemple questões abertas e tenha como objetivo verificar o desenvolvimento da competência de leitura e de escrita, por exemplo, é preciso considerar:

a) a validade das questões, isto é, se elas realmente testam o que devem testar;
b) a coerência entre o conteúdo da prova e os conteúdos previstos no programa de ensino, e entre a forma como esses con-

teúdos foram trabalhados em aula e como eles são cobrados na prova;
c) a simplicidade e a clareza na proposição das questões, uma vez que enunciados complexos muitas vezes impedem que o aluno ao menos consiga compreender o que deve ser feito;
d) a adequação entre, por um lado, o formato e a extensão da prova e, por outro, o contexto e o tempo de que os alunos dispõem para realizá-la;
e) a distribuição dos pesos ou da pontuação das questões para evitar que o desempenho em uma única questão seja determinante no resultado final obtido pelos alunos;
f) o balanceamento entre questões de maior e de menor complexidade para que seja possível captar as aprendizagens empreendidas por alunos em diferentes momentos de desenvolvimento.

Além das considerações anteriores acerca da elaboração da prova, vale lembrar que faz parte do processo educativo formar estudantes que sejam capazes de exercer autonomia também no que tange à organização de suas atividades. Assim, é imprescindível agendar provas com antecedência e explicitar, com clareza e honestidade, os conteúdos que serão abordados e os critérios que nortearão a correção. Também é recomendável que a realização da prova se dê em um ambiente favorável, sem ameaças ou constrangimentos, evitando aumentar o grau de ansiedade que normalmente vigora em momentos mais formais de avaliação. Procedimentos simples como a retomada de combinados em relação às atitudes esperadas, ao tempo de realização da prova, à possibilidade – ou não – de uso de materiais de consulta, são sempre bem-vindos.

Por fim, levando-se em conta que a prova constitui um instrumento que propicia *feedback* aos alunos em relação a seu desenvolvimento, é preciso pensar como fazer a devolutiva das provas. Vários procedimentos, já largamente utilizados por diversos professores, podem ser interessantes, tais como: solicitar que os alunos refaçam as questões que erraram – em alguns casos até com a possibilidade de alteração da nota; promover um momento coletivo, conduzido pelo professor, de refazer as questões que apresentaram erros recorrentes; conversar individualmente com os alunos para esclarecer dúvidas quanto à correção ou à composição final da nota ou do conceito.

3.1.2 A observação em situações cotidianas

É na atividade cotidiana que o professor pode apreender a aprendizagem em decurso. A realização de tarefas, a organização dos materiais de registro (cadernos, folhas de atividades) e de referência (livros didáticos e paradidáticos, dicionários), a participação e o envolvimento nas atividades em sala de aula, seja em momentos de explicação ou de trabalho de cooperação em grupo (pesquisa, dramatizações, apresentações orais, debates) são exemplos de situações que podem fornecer indícios importantes do desenvolvimento dos estudantes. Para isso, é preciso que o professor organize momentos que viabilizem essa observação e desenvolva um sistema de registro de suas impressões de modo que elas possam, ao longo do período letivo, ser retomadas e, sempre que possível, comunicadas aos próprios alunos, com o intuito de minimizar seu grau de subjetividade. Vale o alerta de que esses registros, de natureza descritiva, não devem se confundir com meros instrumentos de controle dos comportamentos, caso contrário corre-se o risco de transformar a avaliação em sinônimo de punição e recompensa.

3.1.3 Outros instrumentos de avaliação formativa

Ao afirmarmos o caráter formativo da avaliação, outras possibilidades, não tão difundidas, mas não menos interessantes, podem ser consideradas. Destacamos, dentre elas, o uso de:

- Portfólios: bastante presentes na educação infantil e nos anos iniciais do Ensino Fundamental, os portfólios são coletâneas de atividades que evidenciam o processo de aprendizagem em seu caráter longitudinal. O estudante, sob orientação do professor, organiza sua própria coletânea, frequentemente com a ajuda de colegas, com base em critérios definidos previamente, fundamentados nas expectativas de aprendizagem para um determinado período letivo. Nessa organização, o estudante retoma seus trabalhos e tem a oportunidade de revisá-los e avaliá-los para compor a apresentação final. Por tratar-se de um processo, a questão do tempo mostra-se um fator dificultador na implementação desse tipo de avaliação, principalmente em situações nas quais estão previstas apenas duas aulas semanais para o ensino de língua inglesa no currículo. Mesmo assim, é um procedimento bastante rico e pode ser implementado em forma de projeto a ser desenvolvido ao longo do ano letivo, e não apenas em um bimestre ou trimestre;

- Diários de aprendizagem (ou *learning logs*): registros efetuados pelos estudantes sobre seu desempenho em uma determinada atividade ou em um determinado período letivo. São registros bastante personalizados, nos quais os estudantes são encorajados a falar não apenas sobre sua participação, mas, principalmente, sobre as estratégias que utilizaram para lidar com as situações de desafio por eles enfrentadas. Não se trata de um instrumento que fornece dados quantificáveis ou comparáveis entre os estudantes, e sim de um meio de fortalecer a capacidade de monitoração da aprendizagem pelo próprio estudante, com vistas ao desenvolvimento de sua autonomia intelectual;

- Tabelas de aprendizagem (*KWL charts – Know, Want to know, Learned*): no início de uma determinada atividade ou período letivo, os estudantes são informados dos conteúdos e temas que serão trabalhados. Coletivamente ou em pequenos grupos, os alunos mobilizam seus conhecimentos prévios, mesmo que intuitivos, para listar o que já sabem (*KNOW*), e

CAPÍTULO 4 Avaliação

registram suas expectativas antecipando o que gostariam de aprender (*WANT TO KNOW*). Após a realização da atividade ou do período letivo em que os conteúdos e temas foram tratados, os alunos retomam a tabela e nela registram o que aprenderam (*LEARNED*). Nesse movimento, os estudantes têm a oportunidade de verificar a reconfiguração ou confirmação de seus conhecimentos prévios, bem como identificam que expectativas por eles estabelecidas foram ou não atingidas.

Vemos, assim, que essa multiplicidade de instrumentos inclui desde situações nas quais os estudantes revelam suas aprendizagens de modo mais específico e pontual (por meio de uma prova, por exemplo), ou mais personalizado (em situações nas quais a avaliação assume um caráter mais formativo).

Seja qual for o instrumento adotado, há, na avaliação, duas qualidades essenciais a serem mantidas como norte: a validade, ou seja, a coerência entre os objetivos e os procedimentos adotados, e a confiabilidade, ou a consistência da caracterização resultante da avaliação realizada.

4. Avaliação e motivação

Ao tomarmos a avaliação como parte de um processo mais abrangente de *feedback* que é trocado entre professor, aluno, escola e comunidade, não podemos negar seu papel como um componente motivacional do processo de ensino e aprendizagem.

Harter (1981 apud Williams e Brown) define a motivação como:

- um estado de tensão cognitiva e emocional (acionada internamente pelo desejo, interesse e curiosidade, ou externamente por outra pessoa ou por eventos específicos que geram entusiasmo)...

- que leve a uma decisão **consciente** de agir;
- que dá início a um **período prolongado** de esforço intelectual e/ou físico;
- que visa ao atendimento de **objetivo**(s) previamente estabelecido(s).

Nessa definição, há dois pontos que devem merecer nossa atenção ao pensarmos a relação entre motivação e avaliação: o estágio inicial, que pode ser acionado internamente (motivação intrínseca) ou externamente (motivação extrínseca) e a consecução dos objetivos estabelecidos pelo estudante que mantém ativo seu processo motivacional.

Em relação ao primeiro aspecto, vale considerar que um estudante intrinsecamente motivado tende a ser mais independente no seu julgamento do valor das atividades por ele desempenhadas; já aquele que depende do acionamento externo de seu processo motivacional pode mostrar-se mais suscetível ao julgamento feito pelo professor ou pelos colegas. Nesse sentido, há um efeito potencialmente negativo na avaliação, principalmente quando os resultados parciais mostram, sucessivamente, o insucesso. Isso não significa dizer, entretanto, que é necessário "mascarar" os resultados para garantir a motivação. É preciso, isso sim, fornecer ao aluno *feedback* de modo transparente e honesto, com o intuito de fortalecer ações que levem à superação da "sensação de incapacidade" que muitas vezes se instaura diante de resultados negativos. É preciso, também, combinar, como foi visto anteriormente, instrumentos de avaliação mais pontuais, como uma prova, a outros que visem a captar o processo e a fortalecer a formação para a autonomia.

Quanto ao segundo aspecto, mostra-se relevante manter o diálogo aberto com os alunos até para perceber se os objetivos por eles estabelecidos, mesmo que tacitamente, merecem ajustes e reconfigurações. Não é incomum encontrar alunos que, passada a euforia de iniciar a aprendizagem da língua inglesa, decepcionam-se por achar que "não estão aprendendo nada". Muitas vezes essa percepção reflete a ideia de que é possível aprender uma língua rapidamente, quase que em um passe de mágica, sem esforço, e a constatação de que aprendizagem não é, assim, tão automática pode ter um efeito desmotivador bastante expressivo. Avaliar as expectativas dos alunos e ajudá-los a estabelecer objetivos exequíveis é um passo importante; fazer que a avaliação revele as aprendizagens empreendidas e valorizar essas aprendizagens, também.

ATIVIDADES PARA APROFUNDAMENTO E REFLEXÃO

Atividade 26
Agora, retome as afirmações e suas respostas para a reflexão inicial. Elas se mantêm as mesmas? Você alteraria alguma resposta? Por quê?

CAPÍTULO 5
Desenvolvimento profissional

Neste capítulo, vamos discutir alguns aspectos importantes que marcam a transição de um modelo de formação entendido como treinamento de professores para um modelo marcado pelo protagonismo e pelo profissionalismo no exercício da docência.

> **REFLEXÃO INICIAL**
>
> Habitam a profissão docente saberes de natureza distinta, alguns ligados à esfera do conhecimento conceitual, outros ligados aos procedimentos envolvidos na realização de atividades cotidianas. Há, também, uma crença bastante difundida de que não se pode separar, no sujeito, a pessoa e o professor.
>
> Pensando nisso, antes de iniciar a leitura deste capítulo, registre, na tabela a seguir, suas convicções sobre o que sabem e como são os professores que você considera profissionais.

Um professor profissional deve:

SABER	SABER FAZER	SER

Além disso, vale lembrar que parte de nossa *expertise* como professores não advém somente de estudos teóricos e de nossas experiências como professores. Em nossa história de formação, passamos muitos anos em diferentes escolas – tanto na Educação Básica quanto no Ensino Superior – ocupando a posição de estudantes, e toda essa vivência criou muitas oportunidades de aprender sobre o ensino com os professores que tivemos.

Levando isso em conta, pense em sua experiência de estudante. Lembre-se de professores que você admirava e daqueles que você criticava. O que você aprendeu sobre sua profissão – ser professor – com eles?

Por fim, partilhe suas ideias sobre os saberes do professor e suas histórias de formação com os outros professores com quem você trabalha ou estuda.

1. Da ideia de formação

Wallace (1991) propõe o seguinte diagrama para ilustrar as complexas relações entre os saberes continuamente em jogo na formação profissional:

CAPÍTULO 5   Desenvolvimento profissional

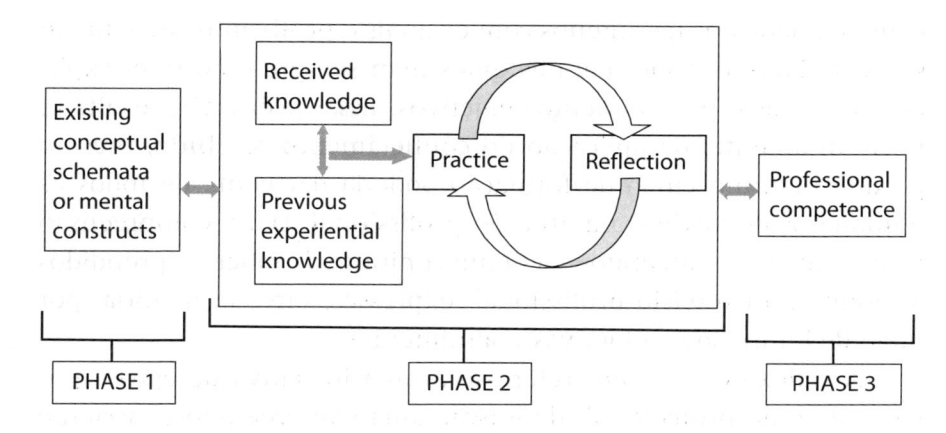

```
┌─────────────┐  ┌─────────────────────────────────────────────┐  ┌──────────────┐
│  Existing   │  │   Received                                  │  │              │
│ conceptual  │  │   knowledge                                 │  │ Professional │
│  schemata   │◄─┼──►         Practice  ⇄  Reflection      ◄──┼─►│  competence  │
│  or mental  │  │   Previous                                  │  │              │
│ constructs  │  │   experiential                              │  │              │
│             │  │   knowledge                                 │  │              │
└─────────────┘  └─────────────────────────────────────────────┘  └──────────────┘
   PHASE 1                        PHASE 2                               PHASE 3
```

Figura 3   *O modelo de formação reflexiva de Wallace*

É importante ressaltar que o modelo ilustrado nesse quadro toma os saberes envolvidos na docência como conhecimento profissional. Nesse sentido, leva em consideração o fato de que a aceitação social de uma determinada ocupação como profissão dialoga diretamente com o fato de que os profissionais que a praticam têm um conhecimento especializado, não partilhado com outras profissões. Esse conhecimento profissional tem dupla manifestação, representada no quadro como **conhecimento recebido** (*received knowledge*) e **conhecimento experimentado** (*experiential knowledge*).

O **conhecimento recebido** encontra paralelo na expressão "conhecimento de causa", uma vez que não resulta da vivência profissional direta, mas é adquirido por meio do estudo sistemático de dados, fatos, teorias e conceitos, tanto na formação inicial quanto na continuada. Trata-se de um tipo específico de conhecimento que insere o professor em uma comunidade profissional na qual seus membros partilham uma mesma linguagem para contextualizar, descrever, problematizar e compreender seu campo de atuação.

O **conhecimento experimentado**, por sua vez, advém de dois fenômenos distintos descritos por Schön (1983): o aprender-na-ação e a reflexão. Para o autor, toda atuação profissional demanda habilidades e tomadas de decisões baseadas no reconhecimento tácito da complexidade dos fenômenos com os quais o profissional depara em seu cotidiano, decisões para as quais nem sempre é possível explicitar critérios e procedimentos objetivos. Essas ações não resultam, necessariamente, da aplicação do **conhecimento recebido**, mesmo porque nenhum curso de formação poderia dar conta de todos os fenômenos envolvidos na atuação profissional. Daí a compreensão de que tais ações ancoram-se em um conjunto de saberes aprendidos ao longo do exercício profissional, expressos, em sua maioria, por meio de impressões subjetivas e sentimentos.

A **reflexão** (*reflection*) refere-se a uma iniciativa desejável, por parte de todo profissional, de buscar uma compreensão consciente do que motiva suas ações, redimensionando as impressões subjetivas e os sentimentos manifestados em seu fazer docente. Quando encarada de forma sistemática, a reflexão ativa o "senso de plausibilidade" (Prabhu, 1990), estabelecendo o diálogo entre o **conhecimento recebido** e o **conhecimento experimentado**. Dessa forma, ela promove a aproximação entre teoria e prática, entre discurso e ação.

Além do conhecimento profissional (saberes ligados diretamente à formação inicial ou à experiência, seja ela em estágios ou em atuação profissional), o modelo reflexivo proposto por Wallace contempla uma etapa anterior à formação inicial, indicada no quadro como **esquemas conceituais preexistentes ou representações mentais** (*existing conceptual schemata or mental constructs*). O pressuposto de que a aprendizagem não ocorre no vácuo, mas sim representa a retomada, a ampliação e a reorganização de experiências e saberes prévios, encontra-se contemplado nesse modelo. Na verdade, os saberes ligados a essa etapa são construídos a partir da experiência dos professores como aprendizes e, inicialmente, são partilhados com todos os outros profissionais, na medida em que todo cidadão escolarizado conviveu, em sua trajetória, com inúmeros professores, podendo, assim, configurar um quadro de referências pessoais acerca das qualidades, papéis e tarefas vinculadas a essa profissão. A formação reflexiva assume a premissa de que esses **esquemas conceituais** não permanecem intocados. Pelo contrário, eles tanto influenciam quanto sofrem a influência dos conhecimentos construídos ao longo da formação, conforme indica a dupla seta que une as etapas 1 e 2 do quadro.

A etapa 3, objetivo da formação reflexiva, também constitui uma instância dialógica. Ela não somente resulta da dinâmica estabelecida entre as etapas 1 e 2, como também as ressignifica, num movimento contínuo que configura a **competência profissional** (*professional competence*) como uma obra sempre inacabada.

Por último, é importante dizer que, no modelo adotado, a **reflexão** assume papel central. Ela constitui a engrenagem que coloca todos os outros elos em movimento. Sem ela, até mesmo o profissional experiente corre o risco de burocratizar e rotinizar seu trabalho, a tal ponto que seu desempenho passa a ser, ano após ano, reproduzido segundo os mesmos padrões, a despeito das mudanças institucionais e sociais em que se insere seu contexto de trabalho.

Entretanto, é preciso levar em consideração as críticas a respeito das limitações do conceito de reflexão. Para Zeichner (1993: 25),

> (...) há o perigo de uma pessoa se agarrar ao conceito de ensino reflexivo e de ir longe demais; isto é, de tratar a reflexão como um fim em si, sem ter nada a ver com objectivos mais amplos. Houve quem afirmasse explícita ou implicitamente que o ensino é necessariamente melhor quando os professores são mais reflexivos, deliberados e intencionais nas suas acções e que o saber gerado pela reflexão merece necessariamente o nosso apoio, independentemente da sua natureza ou qualidade. Esta opinião ignora o facto de a reflexão poder, em certos casos, solidificar e justificar práticas de ensino prejudiciais para os alunos e minar ligações importantes entre a escola e a comunidade. Por outras palavras: por vezes, os professores reflexivos podem fazer coisas prejudiciais melhor e com mais justificações.
>
> Desse modo, mostra-se imperativo pensar a construção do conhecimento do professor em um movimento que prevê espaço para que os professores elaborem sua teoria pessoal sem, no entanto, desprestigiar o papel da teoria aprendida.

Nessa linha de raciocínio, Namo de Mello, tomando como referência os pilares da educação propostos no relatório da Unesco (1996), aponta quatro necessidades de aprendizagem que são também válidas para o professor que se assume em formação constante:

- aprender a conhecer ou "saber os conteúdos a serem ensinados e os conteúdos que fundamentam o ensino";
- aprender a fazer ou "saber gerenciar o ensino e a aprendizagem na sala de aula";
- aprender a conviver ou "saber estabelecer relações de autonomia e respeito com os alunos e com o meio social, institucional e profissional em que vive";
- aprender a ser ou "construir a própria identidade".

Vemos, assim, que a constituição de nossa competência profissional está muito além da convencional ideia de treinamento de professores que influenciou a área de ensino de línguas estrangeiras por muito tempo. Como ficou ilustrado desde a reflexão inicial deste capítulo, resgatar a própria trajetória de formação, entendendo-a não como algo circunstancial, mas como algo em constante articulação com o conhecimento pessoal, com o conhecimento adquirido e com o conhecimento experimentado, mostra-se um caminho a ser percorrido por profissionais em busca de seu desenvolvimento.

2. O professor profissional como pesquisador

Não há como negar que a ideia de que uma pessoa já "nasce professor" seja bastante difundida em meios não acadêmicos. A criança que, nas brincadeiras de "escolinha", sempre era o professor pode ter vivido, naquele momento, o despertar do interesse pela profissão. Entretanto, é o ingresso em um curso superior de Letras e de Licenciatura que marca o início do percurso de profissionalização do professor. Trata-se do momento em que o futuro professor toma a decisão consciente de abraçar a profissão e de habilitar-se para tal.

CAPÍTULO 5 Desenvolvimento profissional

Vale, então, definir alguns critérios que atribuem à atuação docente um caráter profissional. Para Ur (2002: 391)[15], professores são profissionais quando:

- formam uma comunidade na qual os membros têm interesse em interagir, constituindo, assim, um grupo identificável;
- comprometem-se a alcançar cada vez melhores padrões de atuação a fim de promover aprendizagem e assumem a responsabilidade inerente a seu papel;
- divulgam suas ideias – práticas ou teóricas – em eventos internos ou externos à instituição em que estudam ou em que trabalham;
- aprendem – e não apenas ensinam – continuamente, ou seja, leem, refletem e discutem não só sobre seu objeto de ensino, ou seja, a língua estrangeira que lecionam, mas, também, sobre novas abordagens e metodologias e sobre assuntos e temas de interesse pessoal e de relevância social;
- são autônomos na busca de seu próprio desenvolvimento e não se colocam, portanto, na posição de reféns de um dado sistema de ensino. Assumem, assim, coautoria sobre a própria cultura que se cria acerca do que significa ser um bom professor e agem no sentido de ressignificar suas práticas em função do contexto institucional, social, cultural e histórico em que atuam;
- compartilham a tarefa de formar novos profissionais, ou como formadores de novos professores ou como colegas de formação de professores iniciantes.

Se tomarmos como base o que foi delineado anteriormente, as pesquisas – tanto a acadêmica, quanto aquela que se desenvolve no cotidiano da sala de aula, quando os problemas do dia a dia são vistos como temas de investigação e reflexão – e também a divulgação des-

---

[15] Tradução e comentários nossos.

sas pesquisas assumem papel importante na formação profissional do professor, pois constituem instrumentos que lhe propiciam a oportunidade de emergir de seu fazer cotidiano e dele se distanciar com o intuito de melhor compreendê-lo.

Nessa perspectiva, é preciso levar em consideração que as necessidades e interesses do professor se modificam ao longo de seu amadurecimento profissional. Professores menos experientes ou que ainda estão em formação inicial provavelmente estarão mais preocupados com questões advindas do que ensinar ou do como ensinar; para esses profissionais, temas como a escolha de um livro didático, o desenho curricular do curso em que atuam, técnicas de apresentação de novos conteúdos linguísticos, a busca de textos autênticos e a elaboração de sequências didáticas podem assumir maior relevância. Professores mais experientes, por sua vez, talvez queiram explorar temas ligados aos valores que dados sistemas de ensino reproduzem ou quais os mecanismos subjacentes a determinadas práticas e culturas escolares, tais como os mecanismos disciplinares e as propostas de avaliação ou, ainda, como diferentes aprendizes se organizam para enfrentar os obstáculos que encontram em seu percurso de aprendizagem.

Isso não significa que determinadas questões sejam mais relevantes que outras. Muito pelo contrário. Ao pesquisar a própria prática, o professor contextualiza e domina **conhecimentos**, e aprende a mobilizá-los de modo pertinente para atingir seus objetivos. Essa operação envolve **vontade** e **escolha**, e não se submete, portanto, a uma escala de relevância determinada externamente.

3. De um problema do cotidiano a uma proposta de investigação

Veja, a seguir, como uma professora que ensina língua inglesa para crianças de 5ª série (6º ano) do Ensino Fundamental transformou um problema do cotidiano em perguntas para investigação.

Problema do cotidiano: "Eu sei que atividades lúdicas são importantes para a aprendizagem, mas mesmo os jogos que demandam concentração, como um jogo de memória, acabam sempre em bagunça".

Perguntas: Como organizar a turma em atividades lúdicas que envolvam participação coletiva? É possível introduzir jogos no cotidiano da sala de aula sem acirrar um espírito de competição marcado pelo individualismo? Há jogos mais indicados para trabalhar com crianças de 11, 12 anos? Além dos aspectos linguísticos, que outras aprendizagens as atividades lúdicas podem propiciar? Há alguma relação observável entre a presença de atividades lúdicas no programa de ensino e a motivação dos alunos para aprender a língua?

Essas perguntas abrem várias frentes tanto para estudos bibliográficos, com o intuito de pesquisar sobre o que já existe em termos de conhecimento sistematizado a respeito do tema, quanto para um estudo mais minucioso das práticas empreendidas pela própria professora nos momentos em que planeja, implementa e avalia as atividades lúdicas que costuma utilizar com seus alunos.

ATIVIDADES PARA APROFUNDAMENTO E REFLEXÃO

Atividade 27
Registre um problema que você enfrenta em seu cotidiano nas turmas com as quais trabalha. Levante perguntas que podem ajudá-lo a melhor organizar sua investigação sobre esse problema. Em seguida, faça um levantamento bibliográfico sobre o tema. Você pode fazer isso de algumas maneiras:

- usando mecanismos de busca pela Internet, selecionando palavras-chave relevantes para seu tema;
- visitando sites como o *ERIC – Electronic Resources Information Center* (www.eric.ed.gov) ou *SCIELO – Scientific Electronic Library Online*

(www.scielo.org), nos quais se encontram disponíveis inúmeros trabalhos acadêmicos de diferentes áreas do conhecimento;
- visitando bibliotecas municipais, estaduais ou de sua própria escola.

Após ler os materiais que tiver encontrado, verifique quais de suas perguntas ainda permanecem sem resposta e, em uma reunião com outros professores de sua escola, proponha a investigação das práticas desenvolvidas por eles e por você mesmo que possam colaborar para buscar essas respostas. Quem sabe até mesmo um projeto coletivo de pesquisa possa ser desenvolvido a partir dessa sua iniciativa!

4. Provocações para investigação

Neste item, apontamos três questões sobre ensino e aprendizagem de língua inglesa que devem merecer estudo mais aprofundado. Convidamos você, professor, a refletir sobre essas ideias, investigando-as a partir de sua própria experiência de ensino, em um exercício contínuo de aprimoramento profissional.

> **PROVOCAÇÃO 1**
> O ensino de *englishes* – por um enfoque pluricultural
>
> A língua inglesa já há algum tempo assumiu o *status* de língua franca ou língua internacional. Como qualquer língua, ela representa a identidade cultural, o ponto de vista e os valores de quem a utiliza, e passa por modificações resultantes desse uso por falantes nativos e também por não nativos. Assim, é possível pensar em diferentes *englishes* e tornar complexa a resposta para a seguinte pergunta: qual inglês ensinamos?

CAPÍTULO 5 Desenvolvimento profissional

Ao assumir a perspectiva sociocultural no processo de ensino-aprendizagem da língua inglesa, assumimos, também, a relação intrínseca entre currículo e cultura. Não se trata apenas de abordar textos que informam sobre diferentes culturas a partir de uma única língua (em nosso caso, a inglesa), mas fazer que aflorem as identidades dos indivíduos que participam das culturas que usam a língua inglesa (línguas inglesas) para se expressar, dando voz a suas crenças, valores, dilemas e atitudes por meio do uso da linguagem.

PROVOCAÇÃO 2
Letramento digital – comunicação eletrônica e ensino de língua inglesa

Um desdobramento da provocação anteriormente apresentada é pensar o uso da mídia eletrônica, da Internet como meio de acesso a bens culturais, a possibilidades de interação sociocultural em práticas de linguagem diferenciadas, em ambientes de aprendizagem a distância. Isso nos leva a refletir, por consequência, sobre a questão do letramento digital. Diferentes práticas de leitura e escrita, de comunicação oral, caracterizadas por usos de linguagem cada vez mais inovadores, redimensionam a relação entre as forças que mantêm a unidade e identidade de uma língua e aquelas que a atualizam e a transformam em função de seus usuários. Assim, vale pensar sobre que "inglês" ensinar e sobre as inúmeras possibilidades de uso do ambiente digital como contexto de ensino da língua.

PROVOCAÇÃO 3
Por um enfoque ecológico na pesquisa sobre ensino e aprendizagem da língua inglesa

Investigações na área da psicologia socioeducacional têm apontando para a importância de compreender melhor o que acontece nos contextos de ensino entendidos como sistemas socioculturais que se relacionam em uma perspectiva ecológica, como um ecossistema. Nessa linha, Williams e Burden (1997: 188) apontam para a necessidade de oferecer aos aprendizes um contexto de ensino que promova, além do desenvolvimento de suas individualidades de forma integrada, um "comportamento inteligente" em relação a estratégias de aprendizagem (*learn to learn strategies*) que lhes serão úteis para toda a vida (*lifelong learning*).

Quais seriam as características desse tipo de contexto, então? Aqui está posta uma dificuldade, pois as relações entre os elementos constituintes (em si mesmos, microssistemas) no sistema ampliado podem ser tão diferentes que é praticamente impossível dizer qual o contexto ideal. Assim, em um nível macroestrutural, os sistemas educacionais organizam (de forma prescritiva ou sugestiva) as diretrizes curriculares e especificações sobre como o ensino deve se organizar. Por sua vez, a própria escola organiza seu funcionamento em relação a outros sistemas: a comunidade de pais, os alunos, os professores. Inserida nessa rede de relações, a sala de aula se constitui como um microssistema complexo. De todos os elementos presentes nesse sistema, o *ethos* ou "clima" de aprendizagem parece ser um terreno instigante e fértil para investigações.

Block (1996), em um estudo realizado com diários escritos por alunos e professor, mostra como esses participantes percebem o que acontece em sala de aula (o que aprenderam, comportamentos e atitudes) de formas diferentes, sempre procurando atribuir um sentido às práticas e às relações interpessoais estabelecidas no contexto. Isso nos leva a pensar que outras investigações sobre o *ethos* a partir de uma perspectiva ecológica são necessárias para compreendermos até que ponto as interpretações de alunos e professores sobre o que acontece em sala de aula influenciam os resultados de aprendizagem, bem como os estilos de aprender e de ensinar.

5. Palavras finais

> Para ser grande, sê inteiro: nada
> Teu exagera ou exclui.
> Sê todo em cada coisa. Põe quanto és
> No mínimo que fazes.
> Assim em cada lago a lua toda
> Brilha, porque alta vive.
>
> *Ficções do interlúdio* –
> Odes de Ricardo Reis – Fernando Pessoa.

Investigar a própria prática pode nos ajudar a sermos inteiros, a reafirmar nosso papel de protagonistas na busca de autonomia e de maior compreensão dos problemas e das inquietações que vivenciamos em nosso cotidiano profissional.

Boa trajetória de formação!

Referências bibliográficas

AFONSO, A. J. *Avaliação educacional:* regulação e emancipação. São Paulo: Cortez, 2000.

ALMEIDA FILHO, J. C. P. *Dimensões comunicativas no ensino de línguas*. Campinas: Pontes, 1993.

ANDERSON, N. *Exploring Second Language Reading*. Toronto: Heinle & Heinle Publishers, 1999.

ANTUNES, C. *Avaliação da aprendizagem escolar*. Petrópolis: Vozes, 2002.

APPEL, J. *Diary of a Language Teacher*. Oxford: Heinemann Publishers, 1995.

BAILEY, K.; NUNAN, D. *Voices from the Language Classroom*. Cambridge: Cambridge University Press, 1996.

BLOCK, D. A window on the classroom: classroom events viewed from different angles. In: BAILEY, K. M. and NUNAN, D. (org.). *Voices from the Language Classroom*. Cambridge: Cambridge University Press, 1996.

BRASIL. Lei de diretrizes e bases da educação nacional. *Diário Oficial da União*, 20 de dezembro de 1996.

BROWN, J. D.; HUDSON, T. The alternatives in language assessment. *TESOL Quarterly*, 32, 4, p. 653-75, 1998.

BRUMFIT, C. *Individual Freedom in Language Teaching*. Oxford: Oxford University Press, 2001.

BUTT, G. *O Planejamento de aulas bem-sucedidas*. Série Expansão. São Paulo: SBS Editora, 2009.

CANALE, M.; SWAIN, M. Theoretical bases of communicative approaches to second language teaching and testing. In: *Applied Linguistics*, 1(1), 1980.

CHAGAS, V. *Didática especial de línguas modernas*. São Paulo: Companhia Editora Nacional, 1979.

COHEN, L.; MANION, L.; MORRISON, K. *Research Methods in Education*. London: RoutledgeFalmer, 2001.

COMMON EUROPEAN FRAMEWORK OF REFERENCE (CEFR). Disponível em <http://www.coe.int/T/DG4/Linguistic/Source/Framework_EN.pdf>. *Acesso em: 1º jul. 2009.*

COSTA, D. N. M. *Por que ensinar língua estrangeira na escola de 1º grau*. São Paulo: E.P.U., 1987.

CRYSTAL, D. *English as a Global Language*. Cambridge: Cambridge University Press, 1997.

DELORS, J. et alii. *Learning: The Treasure Within*. Paris: Unesco Publishing, 1996.

DEMO, P. *Mitologias da avaliação*. Campinas: Autores Associados, 1999.

DONNINI, L.; PLATERO, G. *All Set!* Volume único. Boston: Cengage-Heinle, 2009.

FERRO, G. d'O. M. *A formação do professor de inglês:* trajetória da prática de ensino de inglês na Universidade de São Paulo. São Paulo, 1998. Tese de Doutorado. Faculdade de Educação da Universidade de São Paulo.

FREITAS, M.A. Avaliação enquanto análise: resultados das primeiras reflexões do professor de LE sobre o próprio ensino. In: ALMEIDA FILHO, J.C.P. (org.), *O professor de língua estrangeira em formação*. Campinas: Pontes, 1999.

GARNER, J. F. *Politically Correct Bedtime Stories: modern tales for our life and times. New Jersey:* Macmillan, 1995.

GRAVES, K. (org.). *Teachers as Course Developers*. Cambridge: Cambridge University Press, 1996.

HERNANDEZ, F.; VENTURA, M. *A organização do currículo por projetos de trabalho* – o conhecimento é um caleidoscópio. Porto Alegre: ArtMed, 1998.

HOLDEN, S.; ROGERS, M. *O ensino de língua inglesa*. São Paulo: SBS, 2001.

HUGHES, A. *Testing for Language Teachers*. Cambridge: Cambridge University Press, 2000.

KERN, R. *Literacy and Language Teaching*. Oxford: Oxford University Press, 2000.

KRAMSCH, C. *Context and Culture in Language Teaching*. Oxford: Oxford University Press, 1993.

KRISTEVA, J. *História da Linguagem*. Lisboa: Edições 70, 1969.

LANTOLF, J. P. (Ed.). *Sociocultural Theory and Second Language Learning*. Oxford: Oxford University Press, 2000.

LEFFA, V. J. O ensino das línguas estrangeiras no contexto nacional. In: *Contexturas – ensino crítico de língua inglesa*. São José do Rio Preto, SP – uma publicação da Apliesp, departamento de Educação do Ibilce/Unesp. 1998/1999, n. 4, p. 13-24.

_____ (org.). *A interação na aprendizagem das línguas*. Pelotas: Educat – Universidade Católica de Pelotas, 2003.

MAKERERE REPORT. *Report on the Conference on the Teaching of English as a Second Language*. Entebbe: Commonwealth Education Liaison Committee, 1961.

McKAY, S. L. *Teaching English as an International Language*. Oxford: Oxford University Press, 2002.

MEIRIEU, P. *Aprender... sim, mas como?* Porto Alegre: ArtMed, 1998.

MONTEIRO, D. C. Caminhos para a reflexão do professor sobre sua prática. *Contexturas*. São Paulo: Apliesp, 1996, n. 3, p. 47-54.

MORAN, P. *Teaching Culture – Perspectives in Practice*. Boston: Heinle&Heinle – Thomson Learning, 2001.

MOREIRA, A. F. É suficiente implementar inovações nos sistemas educacionais? *Revista da Faculdade de Educação*, São Paulo, v. 25, n. 1, p. 132-45, jan./jun. 1999.

NAMO DE MELLO, G. O professor que aprende. Disponível em http://www.namodemello.com.br/pdf/escritos/oficio/oprofessorqueaprende.pdf. Acesso em: 3 nov. 2009.

NÓVOA, A. Os professores na virada do milênio: do excesso dos discursos à pobreza das práticas. *Revista da Faculdade de Educação*, São Paulo, v. 25, n. 1, p. 11-20, jan./jun. 1999.

NUNAN, D. *Designing Tasks for the Communicative Classroom.* Cambridge: Cambridge University Press, 1989.

_____ *Research Methods in Language Learning.* Cambridge: Cambridge University Press, 1992.

ORIENTAÇÕES CURRICULARES NACIONAIS PARA O ENSINO MÉDIO. Brasil: Ministério da Educação/SEM, 2006.

PAIVA, M. G. G.; BRUGALLI, M. (orgs.). *Avaliação*: novas tendências, novos paradigmas. Porto Alegre: Mercado Aberto, 2000.

PARÂMETROS CURRICULARES NACIONAIS PARA O ENSINO FUNDAMENTAL. Brasil: Ministério da Educação/SEF, 1997.

PERRENOUD, P. *Avaliação entre duas lógicas.* Porto Alegre: Artmed, 1999.

PHILLIPSON, R. *Linguistic Imperialism.* Oxford: Oxford University Press, 1992.

PLATERO, L. G. *Is the book still on the table? Considerações sobre o ensino-aprendizagem de línguas estrangeiras no Ensino Médio:* uma experiência pedagógica em língua inglesa. São Paulo, 2000. Dissertação (Mestrado). Faculdade de Educação da Universidade de São Paulo.

PRABHU, N. S. There is no best method. Why? *TESOL Quarterly*, v. 24/2, p. 161-76. 1990.

RICHARDS, J. C.; LOCKHART, C. *Reflective Teaching in Second Language Classrooms.* Cambridge: Cambridge University Press, 1994.

RODRIGUES, L. A. D. *Dos fios, das tramas e dos nós:* a tessitura da rede de crenças, pressupostos e conhecimentos de professores de inglês que atuam no Ciclo I do Ensino Fundamental. São Paulo, 2005. Tese de Doutorado. Faculdade de Educação da Universidade de São Paulo.

SCARAMUCCI, M. V. R. Avaliação: mecanismo propulsor de mudanças no ensino/aprendizagem de língua estrangeira. In: *Contexturas – ensino crítico de língua inglesa*, São José do Rio Preto: Apliesp, 1998/1999, n. 4.

SCHÖN, D. A. *The Reflective Practitioner:* How Professionals Think in Action. London: Temple Smith, 1983.

SEOW, A. The writing process and process writing. In: RICHARDS, J. C.; RENANDYA, W. A. *Methodology in Language Teaching – An anthology of current practice.* Cambridge: Cambridge University Press, 2002. p. 315-20.

SHAABAN, K. *Assessment of Young Learners*, v. 39, n. 4, oct./dec. 2001.

SPRADLEY, J. P. *Participant Observation.* New York: Holt, Rinehart and Winston, 1980.

STEMPLESKY, S., DOUGLAS, N.; MORGAN, J. R. *World Link.* Boston: Cengage Heinle, 2005.

STERN, H. H. *Fundamental Concepts of Language Teaching.* Oxford: Oxford University Press, 1983.

STOLLER, F. L. Project work: a means to promote language and content. In: RICHARDS, J. C.; RENANDYA, W. A. *Methodology in Language Teaching – An anthology of current practice.* Cambridge: Cambridge University Press, 2002. p. 107-19.

STRAUSS, S. *Teacher's Pedagogical Content Knowledge About Children's Minds and Learning: Implications for Teacher Education.* Tel Aviv University, 28(3):279-290, 1993.

TSANG, W. K.; WONG, M. Conversational English: an interactive, collaborative, and reflective approach. In: RICHARDS, J. C.; RENANDYA, W. A. *Methodology in Language Teaching – An Anthology of Current Practice.* Cambridge: Cambridge University Press, 2002. p. 212-24.

UR, P. *A Course in Language Teaching.* Cambridge: Cambridge University Press, 1996.

_____ The English Teacher as Professional. In: RICHARDS, J. C.; RENANDYA, W. A. *Methodology in Language Teaching – An Anthology of Current Practice.* p. 388-92. Cambridge: Cambridge University Press, 2002.

VYGOTSKY, L. S. *A formação social da mente*. São Paulo: Martins Editora, 2007.

WALLACE, M. J. *Training Foreign Language Teachers: a Reflective Approach*. Cambridge: Cambridge University Press, 1991.

WIDDOWSON, H. G. *Teaching Language as Communication*. 9. ed. Oxford: Oxford University Press, 1992.

WILLIAMS, M.; BURDEN, R. L. *Psychology for Language Teachers*: a Social Constructivist Approach. CUP, 1997.

XAVIER, R. P. Avaliação diagnóstica e aprendizagem. In: *Contexturas – ensino crítico de língua inglesa*, São José do Rio Preto: Apliesp, 1998/1999, n. 4.

ZEICHNER, K. M. *A formação reflexiva de professores:* idéias e práticas. Lisboa: EDUCA, 1993.

ANEXO
Comentários sobre as atividades e indicação de bibliografia complementar

Atividade 1 (página 23)

Possíveis hipóteses. Os programas de ensino de inglês (em institutos de língua ou na escola) são organizados a partir do princípio da seleção. Situações de uso, estruturas linguísticas, funções, vocabulário são escolhidos com base no que é mais estável na língua, o que nem sempre reflete o que ocorre em contextos de uso autênticos. Como o uso real da língua é um processo em constante atualização e transformação, é praticamente impossível prever quais situações de comunicação um aluno poderia encontrar. Assim, o aluno fictício, cujo problema foi relatado na atividade, pode ter desenvolvido um bom conhecimento sobre vários aspectos sistêmicos da língua inglesa, mas não necessariamente sua capacidade de se comunicar em situações autênticas de interação face a face. É bem possível que também não tenha desenvolvido suficientemente conhecimentos sobre estratégias de comunicação que o ajudariam a lidar com as incertezas e a negociar sentidos nesse tipo de comunicação. Além desses aspectos, nosso viajante pode ter sentido um alto grau de ansiedade diante da situação e, em decorrência desse estado emocional, muito de seu conhecimento pode ter ficado inacessível. Aprendizes adultos podem sofrer com fatores afetivos e sentirem sua autoestima ameaçada. A esse propósito, Krashen (1988), ao formular os princípios da abordagem natural, observou que os fatores afetivos têm influência sobre os resultados da *performance* linguística.

Atividade 2 (páginas 23-24)

a) Significa dizer que desde o nascimento estamos inseridos em grupos culturais cuja atividade social se manifesta pelos usos da linguagem. São esses usos que aprendemos, inconscientemente, e é por meio da atividade social que vamos tomando consciência de nossa individualidade. Assim, interação e aprendizagem são indissociáveis e retroalimentadoras na formação da mente e da linguagem.

Sobre essa relação, vale a pena ler VYGOTSKY, L. S. *A formação social da mente*. São Paulo: Martins Editora, 2007.

b) A noção de não arbitrariedade dos signos linguísticos relaciona-se ao modo como os grupos sociais reconhecem, compreendem, nomeiam e interpretam a realidade que os cercam. Assim, os signos linguísticos são cunhados a partir da relação que o homem estabelece com a natureza e com seu modo de viver a própria experiência humana. Para um falante da língua inglesa, compreender o significado da palavra "saudade" pode ser bastante difícil. Segundo Bennet (apud Moran, 2001: 07), a questão do etnocentrismo nos leva a acreditar que nossas ideias, nosso modo de ver o mundo, nossos costumes são os certos (que há um jeito certo de fazer as coisas, o nosso jeito). Daí compreendermos o desabafo de nosso aluno (é, inglês é complicado). Ao mesmo tempo, podemos desafiar nosso aluno apresentando-lhe um exemplo em que a formação de palavras por justaposição parece mais lógica em inglês do que em português, como é o caso de "criado-mudo" x *bedside table*. Desse modo, a ideia de que uma língua é mais clara ou mais exata que a outra é posta em xeque. O fato é que os grupos sociais definem, de comum acordo, como interpretar e nomear a realidade que os cerca. Compreender as relações entre cultura, entendida como uma construção dinâmica entre grupos/comunidade, e a linguagem, como forma de manifestação dessas relações e da identidade desses grupos é muito mais complexo do que simplesmente tentar encontrar a equivalência entre frases e vocábulos.

Para conhecer mais sobre o assunto, vale a pena ler KRISTEVA, J. *História da Linguagem*. Lisboa: Edições 70, 1969.

Atividade 3 (página 24)

As histórias de formação de professores e aprendizes de línguas são muito interessantes e constituem terreno fértil para a reflexão sobre processos de aprendizagem e interpretações/visões pessoais. Nessa atividade, o mais importante é fazer um relato de memória detalhado, por escrito se possível, para que possam se materializar como um objeto de estudo e investigação sobre a própria formação docente. Para ler relatos de professores e aprendizes, confira:

BAILEY, K.; NUNAN, D. *Voices from the Language Classroom*. Cambridge: Cambridge University Press, 1996.

APPEL, J. *Diary of a Language Teacher*. Oxford: Heinemann Publishers, 1995.

Atividades 4 (página 31) e 5 (página 33)

As reflexões propiciadas por estas atividades estão ligadas aos livros didáticos e aos planejamentos utilizados para a análise. Em todo o caso, o importante é perceber que a escolha e a organização dos conteúdos (sejam eles estritamente linguísticos ou combinando conteúdos linguísticos, procedimentos e atitudes) refletem uma determinada visão de ensino e aprendizagem de línguas. Assim, um material cuja lista de conteúdos apresenta apenas aspectos gramaticais e vocabulário provavelmente se alinha à visão de que a língua é um conjunto de regras que devem ser aprendidas em uma determinada sequência para que seja possível desenvolver a proficiência.

Para saber mais sobre planejamentos, sugerimos a leitura de: BUTT, G. *O planejamento de aulas bem-sucedidas*. Série Expansão. São Paulo: SBS Editora, 2009.

Atividade 6 (página 37)

São várias as possibilidades. De forma mais explícita, em todos os três textos é possível trabalhar conteúdos relacionados à competência leitora, tais como estratégias de leitura (leitura rápida para apreensão do assunto geral do texto e seu gênero, leitura rápida para localização de informações explícitas/específicas do texto, construção de opinião), bem como conteúdos relacionados à análise linguística, dentre eles estruturas gramaticais, escolhas lexicais, formação de palavras, e à análise textual, por meio da identificação das características dos diferentes gêneros e de representações culturais neles presentes.

Atividade 7 (página 41)

Aqui os relatos podem ser bem variados. Transcrevemos a seguir um trecho de aula em que o professor trabalhou com uma música para motivar os alunos para as aulas de inglês e, para tanto, exibiu o videoclipe da música. Nessa aula, há uma lacuna entre o objetivo proposto inicialmente para a atividade e o que de fato ocorreu. O objetivo da atividade não é comunicado aos alunos, e não é feita nenhuma atividade de aproximação com a tarefa ou com o tema da música. Assim, os alunos não têm um foco para assistir ao videoclipe, restringindo-se a manifestar sua opinião e responder as perguntas da professora sobre os verbos.

Objetivos:
estruturar narrativas; observar, relembrar, ordenar e recontar fatos; usar verbos no passado (regulares e irregulares).

Procedimentos:
mostrar o videoclipe como fonte para observação; reconstruir, com os alunos, a sequência de ações; recontar as ações do cantor, com especial atenção ao uso correto dos verbos no passado.

Avaliação:
elaborar texto escrito com a sequência de eventos, incluindo opinião pessoal sobre a música e o cantor.

"A professora entra na sala de aula e leva aproximadamente dez minutos para fazer a chamada e acalmar os alunos, que estão agitados devido à novidade da aula de vídeo.

P: Bom, pessoal! Hoje a gente vai fazer uma atividade diferente! Vocês gostam de videoclipes?

Respostas esparsas e simultâneas. Algum tumulto. Dentre elas: 'Gosto!' e 'Depende da música'.

A professora mostra o videoclipe. É uma banda de rock se apresentando ao vivo. Após a exibição, a professora pergunta se gostaram. Há várias respostas, com comentários e bastante conversa. Um aluno pergunta:

A: Professora, você vai passar a tradução?
P: Não. Vamos lá. O que o cantor fez no início do videoclipe?
A: Ele entrou no palco pulando.
P: É isso. E como dizemos isso em inglês? Ele entrou. Ele pulou.

A: *He enter.*
P: OK. *He entered.* E o restante?
A: Pular é *jump.*
A2: É regular ou irregular?
P: Regular.
A2: *He jumped.*
P: E o que mais?
A: Foi pra galera!
P: Tá. Mas isso foi antes ou depois da banda começar a tocar?
A: Sei lá. Nem lembro.
(Tumulto)
    A professora acalma a turma e segue fazendo perguntas sobre as ações do cantor e como dizê-las em inglês, no passado. Todos os verbos são colocados na lousa. Após alguns minutos, alguém pede:
    A: Deixa a gente ver de novo. Já nem lembro da cara do cara.
    A professora não ouve e segue com o levantamento das ações. Perto de bater o sinal, ela anuncia:
    P: Agora vai ser assim, olha. A gente vai assistir de novo. Prestem atenção. Logo depois vocês vão fazer uma redação contando tudo o que o cantor fez e se vocês gostaram ou não da música.
    A: Mas já tá tudo na lousa.
    P: Mas na lousa só tem os verbos fora de ordem e faltam complementos.
    A: Que complementos?
    P: Dizer se ele pulou bem alto, se correu de frente ou de costas, essas coisas.
    A: Eu nem vou fazer. Não sei falar inglês.
    P: Eu ajudo quem precisar. E pode usar o dicionário. Quem trouxe? Nenhuma resposta positiva.
    P: Eu tenho dois aqui. Vamos lá. Vamos assistir de novo.
    Protestos dos alunos. Alguns já começam a escrever. Outros copiam dos colegas. Outros nem tentam fazer a atividade. Toca o sinal."

Atividade 8 (página 42)

A ideia de ampliar o repertório passa necessariamente pela possibilidade de partilhar experiências com outros professores. Apresentamos, aqui, duas contribuições. A primeira é um exemplo de música (a princípio escolhida pelo seu tema) e que serviu para ilustrar situações de uso do tempo verbal presente simples. O tema relacionado à justiça social permite a discussão sobre o tratamento dado àqueles menos favorecidos que vivem nas ruas e que se tornam invisíveis para nós. A música é de Phil Collins, *Another Day in Paradise*. Para verificar a letra da música, acesse seu site de música favorito. A segunda é um filme interessante para apresentar o uso do presente simples para falar de rotinas, chamado *Stranger Than Fiction*. É uma comédia em que o personagem principal, bastante metódico, toma consciência de que uma voz sempre diz como ele deve se comportar, e descobre que ele não é, na verdade, uma pessoa, mas sim uma personagem.

Atividade 9 (página 43)

Nos PCNs encontramos os temas: Ética e Cidadania, Trabalho, Sexualidade, Pluralidade Cultural, Meio Ambiente, Saúde. Nas Orientações Curriculares Nacionais para o Ensino Médio são sugeridos: cidadania, igualdade, justiça social, valores e ética, inclusão/exclusão (social, digital), dependência/independência, diferenças regionais/nacionais.

Atividade 10 (página 44)

Algumas sugestões de gêneros (escolhidos em função das práticas sociais de letramento e de possíveis conteúdos linguísticos acessíveis; no momento da escolha do texto especificamente, deve-se levar em conta a adequação da temática):

- 5ª série (6º ano): adivinhas; bilhetes; fábulas; histórias em quadrinhos; instruções de jogos; placas de sinalização; cruzadinhas em jornais e revistas;
- 6ª série (7º ano): curiosidades (Você sabia?); charadas e piadas; *e-mails* pessoais e cartas informais; convites; mapas de ruas; guias turísticos;
- 7ª série (8º ano): verbetes de enciclopédia; artigos, cartas e depoimentos em revistas para adolescentes; biografias; poemas; verbetes de dicionário bilíngue;
- 8ª série (9º ano): narrativas (excertos de textos literários); manchetes e notícias de jornal; horóscopos; manuais de instrução; *blogs*; verbetes de dicionário monolíngue; propagandas;
- Ensino Médio: textos literários; textos jornalísticos; artigos de opinião; depoimentos e relatos (de temas variados, tais como viagens, experiências de trabalho voluntário, conflitos); propagandas.

Atividade 11 (página 47)

O modelo PPP não evidencia essa preocupação. Nessa proposta, a fase inicial (*Presentation*) de imediato coloca o aluno em contato com instâncias de uso da língua sem a preocupação de mobilizar conhecimentos prévios que o ajudem a construir a ponte entre o conhecimento já adquirido e o conhecimento novo. Sem essa relação, fica mais difícil atribuir sentido a novos conteúdos e "assimilá-los". Nesse sentido, o PPP favorece, na fase inicial, a memorização nem sempre significativa e, nas fases subsequentes, sua recontextualização em atividades mais significativas. Vale lembrar, entretanto, que a aprendizagem se orienta pela atribuição de sentido e, mesmo que a organização PPP não preveja isso, o aprendiz certamente mobilizará – com maior ou menor grau de autonomia – os recursos de que dispõe para dar significado à aprendizagem.

Anexo

Atividade 12 (página 50)

1) Falar e ouvir.
2) Ler, ouvir e falar.
3) Ler e escrever.
4) Ler, falar, ouvir e escrever.
5) Ler (leitura geral, leitura detalhada).
6) Ler (leitura detalhada).
7) Ler (análise linguística).
8) Ler (análise linguística) e escrever.
9) Ler, escrever, falar e ouvir.
10) Escrever, ler, falar e ouvir.

Atividade 13 (página 53)

Situated practice: contação da história nas duas versões.
Overt instruction: análise e comparação entre a estrutura das duas versões da história.
Critical framing: partilha da análise e comparação entre a estrutura das duas versões da história; transposição de gênero.
Transformed practice: transposição de gênero (de história para poemas).

Atividade 14 (página 55)

A interação e a atividade social são parte do processo de identificação e constituição do sujeito, mediado pelo uso da língua materna e da língua inglesa, em conjunto. No processo de aprendizagem, esse conjunto torna-se fator crucial para a interlocução com o texto em inglês, com o professor, com os colegas. Não se trata apenas de uma interação no sentido de "comunicar ideias", "conversar" ou "bater papo" sobre o que se lê, mas de pensar junto o processo de leitura e escrita na língua estrangeira, amparado pela reflexão sobre o mesmo processo na língua materna. Nesse sentido, o nível de qualidade da interação no que diz respeito à complexidade da atividade mental, ao desenvolvimento da própria linguagem e da metalinguagem é ampliado.

Atividade 15 (página 58)

O papel da língua materna é fundamental. Ele fica evidente na fase de mobilização de conhecimentos prévios (principalmente relacionados ao tema e ao gênero), na explicitação das instruções e na discussão que o professor promove com os alunos sobre a atividade de pensar as questões de linguagem pertinentes à leitura e à escrita desse tipo de texto. A mediação estabelecida pelo professor e pelo uso da língua materna dá conforto e segurança aos alunos, diminuindo a sensação de estranhamento no geral vivida em atos de escrita e leitura de textos em uma língua que não é "a sua", que "não lhe pertence".

Atividade 16 (página 59)

Parece que o aluno em questão consegue levantar hipóteses sobre o funcionamento de estruturas na língua inglesa a partir dos usos da língua materna e arrisca um palpite, que acaba se confirmando como correto, uma vez que, em alguns casos, a voz passiva em inglês e em português é semelhante. Nesse caso, o aluno pensou um pouco e estruturou seu pensamento baseado na transferência linguística. Assim, a transferência possibilitou a formulação de uma hipótese acertada, o que pode não acontecer em outras situações. Em todo caso, isso nos faz pensar sobre o que realmente ensinamos aos nossos alunos e o que eles de fato apreendem nas aulas de inglês: não era foco de ensino explícito o uso da voz passiva nessa aula do professor, mas o aluno "aprendeu" esse conteúdo, uma vez que o professor, diante da descoberta do aluno, confirmou a adequação da estrutura.

Atividade 17 (página 60)

Explorar as marcas textuais que são características do gênero em ambas as línguas ajuda o leitor a localizar informações no texto e fazer uma primeira leitura de compreensão. Dados como remetente, destinatário, estruturas como a saudação, a assinatura, data/cabeçalho são típicos.

Atividade 18 (página 62)

A atividade propõe a reflexão sobre o favorecimento de estratégias nas atividades com as quais o professor já esteja familiarizado, ou porque as elaborou ou porque as encontra no livro didático com o qual trabalha. Vale dizer que alguns materiais e professores ensinam estratégias de leitura explicitamente, nomeando-as e conversando com os alunos sobre como relacionar o uso de uma determinada estratégia a um propósito de leitura. Outros desenham as atividades de modo a favorecer esse uso, sem necessariamente explicitar quais são as estratégias ou justificar por que elas estão sendo enfatizadas. As pesquisas nessa área parecem não chegar a um consenso, havendo tanto os defensores do ensino explícito quanto os defensores do trabalho com vivências não necessariamente conscientes. Entretanto, a proposição do desenvolvimento da autonomia e da capacidade de aprender a aprender como objetivos educacionais sugere que a metacognição, manifestada em estratégias de planejamento, monitoração e avaliação da aprendizagem conscientes, deve se fazer presente no trabalho com os vários componentes curriculares.

Atividade 19 (página 63)

a) *Scanning, detailed reading.*
b) *Skimming, genre identification.*
c) *Skimming.*
d) *Detailed reading, identifying opinion based on explicit and/or implicit clues.*
e) *Detailed reading, language analysis.*
f) *Detailed reading, constructing opinion based on explicit clues.*

g) *Listening for details, constructing opinion.*
h) *Skimming.*
i) *Scanning.*
j) *Listening for specific information/words.*
k) *Anticipating, predicting.*
l) *Checking hypotheses, confirming.*

Atividade 20 (página 66)

A questão do equilíbrio entre atividades de leitura intensiva e extensiva depende de vários fatores. Para a leitura extensiva acontecer, por exemplo, é importante que os alunos tenham à disposição livros de leitura adequados à faixa etária e aos níveis de proficiência que estão desenvolvendo. Assim, uma biblioteca com esses recursos seria ideal. Outro fator importante para a leitura extensiva é fazer os alunos encontrarem um sentido, uma motivação para a leitura. Trabalhar com indicações variadas de leitura em vez da escolha de um único título para toda a turma pode ser uma boa alternativa para atender melhor os interesses dos alunos. Quanto às estratégias sugeridas por Anderson, a proposição de ensinar com enfoque na compreensão e não na avaliação pontual (*comprehension* x *testing*) representa, para muitos, um grande desafio, dada a aderência de práticas essencialmente avaliativas como "fazer prova de leitura" e "responder questionário de leitura". Entretanto, a reflexão sobre qual estratégia é mais importante e qual é a de implementação mais difícil passa necessariamente pela experiência de cada professor.

Atividade 21 (página 68)

Uma opção é trabalhar dentro da proposta de Kern: primeiramente, propor uma situação de aprendizagem em que os alunos se aproximem do texto por meio da mobilização de conhecimentos prévios e construção de compreensão; em seguida, propor instrução explícita sobre os mecanismos linguísticos presentes no texto e como consequência elaborar atividades que desenvolvem a reflexão crítica sobre tais usos, evidenciando o desenvolvimento metacognitivo. Na etapa final, a produção do texto em grupos, propiciando intensa interação e negociação de significados, bem como o uso de estratégias de aprendizagem e transposição dos conhecimentos para uma nova situação, fecha o ciclo.

Atividade 22 (página 69)

Respostas pessoais. É bem possível que você acabe percebendo que há um pequeno número de atividades de escrita como habilidade comunicativa (aquelas em que o uso se sobrepõe à forma), tais como produções textuais ligadas a gêneros e temas, e um número maior de atividades de escrita como habilidade linguística (aquelas em que a forma se sobrepõe ao uso), tais como cópia, realização de atividades de gramática e vocabulário no livro ou no caderno, ditado etc.

Atividade 23 (página 71)

Um dos possíveis desafios é desenvolver a etapa de edição (*editing, peer-editing, self-editing*), por exemplo. O hábito do refletir sobre o que se escreve para modificar, reescrever, corrigir é um processo que exige dos alunos metalinguagem apropriada. Distanciar-se do texto para torná-lo objeto de reflexão é um hábito, um exercício que requer tempo e frequência, bem como uma dose de insistência por parte do professor. Outro grande desafio é o gerenciamento do tempo. Uma atividade de escrita processual leva bastante tempo e é importante que, no momento do planejamento, o professor leve isso em consideração. Nesse sentido, nas primeiras tentativas de implementar um trabalho dessa natureza, planejar apenas uma ou duas atividades por ano, possivelmente ligadas a projetos interdisciplinares, pode ser uma boa alternativa para que o próprio professor aprenda a lidar com a organização e o gerenciamento das etapas.

Atividade 24 (página 72)

As respostas aqui dependem de quais dicionários foram analisados. O importante é perceber que nem sempre o dicionário de bolso (*pocket*) é o mais indicado, uma vez que, no geral, por ser conciso e pequeno, traz menos informações complementares que possam orientar um aprendiz de nível iniciante.

Atividade 25 (página 74)

Muitas escolas já desenvolvem projetos, com ações programadas ao longo do ano letivo; algumas organizam estudos de meio, nos quais professores de diferentes disciplinas têm participação. As respostas aqui vão depender da experiência de cada professor. Uma indicação bibliográfica que pode contribuir para a ampliação do tema é HERNANDEZ, F.; VENTURA, M. *A organização do currículo por projetos de trabalho – o conhecimento é um caleidoscópio*. Porto Alegre: ArtMed, 1998.

Atividade 26 (página 87)

Respostas pessoais. A atividade pressupõe que, inicialmente, o professor explicite suas crenças a respeito da avaliação e, após a leitura, revisite seus posicionamentos iniciais a fim de confirmá-los ou reconfigurá-los.

Atividade 27 (página 97)

Respostas pessoais. A atividade convida o professor a dar início a um projeto de pesquisa, cujo problema central surja em função de sua experiência em sala de aula. É interessante complementar esse trabalho com leituras sobre metodologia de pesquisa em aprendizagem de segunda língua e em educação:

COHEN, L., MANION, L.; MORRISON, K. *Research Methods in Education*. London: RoutledgeFalmer, 2001.

NUNAN, D. *Research Methods in Language Learning*. Cambridge: Cambridge University Press, 1992.